머리가 크면 지능이 높다고?

머리가 크면 지능이 높다고?

초판 1쇄 발행 2024년 8월 15일

지은이 김창훈 / **펴낸이** 배충현 / **펴낸곳** 갈라북스 / **출판등록** 2011년 9월 19일(제2015-000098호) / **전화** (031)970-9102 **팩스** (031)970-9103 / **블로그** blog.naver.com/galabooks / **페이스북** www.facebook.com/bookgala / **이메일** galabooks@naver.com / ISBN 979-11-86518-84-7 (03300)

머리가 크면 지능이 높다고?

통계로 보는 뻔뻔한 FUN FUN 옛날 뉴스

행복과 희망의 삶을 이어온
'웃픈' 시대의 기억들...

    지금 우리는 인공지능(AI) 시대라는 새로운 혁명기에 살고 있습니다. 인공지능이 세상을 떠들썩하게 하지만, 생활은 예전보다 더 힘들어졌다는 이야기가 들립니다. 많은 사람들이 오히려 과거가 더 행복했다고 말하기도 합니다.

    현재가 어려우면 과거를 그리워하는 것은 자연스러운 일입니다. 하지만 과거에도 우리의 삶은 힘들었고, 즐겁기도 했으며, 슬픔과 행복이 공존했습니다. 지금은 잊고 있을 뿐, 어느 시대나 우리의 삶은 녹록지 않았습니다. 고단했지만 그 속에서 행복과 희망을 삶을 이어왔기에 지금의 우리가 존재한다고 생각합니다.

    '통계로 보는 뻔뻔(FunFun)한 옛날 뉴스'는 1910년대에서 1970년대까지 일제 강점기, 해방, 전쟁 등 수많은 역사의 소용돌이 안에서 통계에 잡힌 여러 에피소드들을 정리했습니다.

양복입은 신사가 무전취식하다 매를 맞으면서 주인장에게 '돈없으면 집에 가서 빈대떡이나 구워먹으라'는 조롱을 받습니다. 빈대떡은 서민을 상징하는 음식이었지만 정작 빈대떡 장사는 그 시절 '리치보이'였습니다.

1938년 우리 국민의 평균 수명은 35세 전후였습니다. 유아 사망률이 25%에 달했기 때문입니다. 1923년도에 치명적인 독을 품은 복어를 먹고 죽은 사람이 경성에서만 12명이었습니다. 1946년에 혼인 건수는 1만7,000건, 이혼건수는 1,300건이었습니다. 머리 큰 사람이 지능이 높다는 실험을 직접 입증한 사례도 있습니다.

지금은 웃을 수 있지만 그때는 결코 웃을 수 없었던 아프지만 재밌는 기억들을 담았습니다.

가볍게 읽고 잠시 지난했던 그 시절로 돌아가 보신다면 결코 지금의 우리를 반추하는 시간이 될 것이라고 믿습니다.

오래된 영화 한 편 읽어 보시고 미소로 마무리하는 하루가 되시길 바랍니다.

_ 김창훈

⊙ 차 례

PART 2
살림살이와 경제

PART 3
문화와 예술, 대학생

PART 4
이색 통계

1

일상의 삶과 생활

001

자동차 대수

● 1947년 서울 시내 자동차 현황

구 분	숫 자
승용차	990대
버스	117대
소형자동차	468대
측차(이륜자동차)	89대
화물자동차	1,960대
오토바이	206대
전체	3,830대

〈출처: 통계청〉

해방 직후 서울 시내 차량 '3,830대', 면허소지자는 25배인 9만 7,000명

1945년 해방 이후, 서울 시내는 일본군이 남기고 간 고물 트럭과 폐차를 개조한 목탄가스 자동차들이 거리를 누비고 있었습니다. 광복 이전에는 약 7,000대의 차량이 있었으나, 태평양 전쟁 말기에 일본군이 징발하면서 해방 직후에는 4,000여 대로 줄어들었습니다. 1945년 해방 직후 서울 인구가 130만 명에 이르렀다는 통계를 보면, 이는 340명당 차량 한 대꼴입니다.

서울경찰청 자료에 따르면, 1947년 당시 서울 시내에는 총 3,830대의 차량이 있었습니다. 이 중 승용차는 990대였고, 버스는 117대, 소형 자동차는 468대, 이륜자동차는 89대였습니다. 화물자동차는 가장 많은 수인 1,960대를 차지했으며, 오토바이는 206대였습니다. 그중 자가용은 1,999대로 가장 많았고, 관청용 차량은 707대, 영업용 차량은 941대였습니다. 또한 당시 차량으로 분류되던 것 중에는 인력거가 512대 있었고, 자전거는 무려 3만2,837대에 달했습니다. 손수레는 875대, 우마차는 3,129대였으며, 전차는 총 82대가 운행되고 있었습니다.

1947년, 서울 시내에서 운전면허를 소지한 사람은 총 9만 6,806명으로, 이는 당시 각종 차륜 수의 세 배를 넘는 숫자였습니다. 그중 보통면허 소지자는 7,187명, 소형면허 소지자는 2,070명, 특수면허 소지자는 5,241명이었습니다.

한국 최초의 자동차는 1955년에 등장했습니다. 시발자동차 회사가 미국산 지프를 개조하여 관용으로 납품한 '시발차'가 바로 그것입니다. 순수 우리 기술로 만든 첫 번째 자동차로는 1974년 현대자동차가 개발한 '포니'였습니다.

참고로, 2022년 기준으로 서울 시내에 등록된 차량 대수는 총 319만 대에 이릅니다. 이는 1947년과 비교해 무려 830배 증가한 수치입니다.

002

평균 수명

● 1938 vs. 2022년 한국인 평균 수명

구분	1938년	2022년
남자	32~34세	80.5세
여자	35~37세	86.5세
평균	35세 안팎	83.5세

〈출처: 경성부, 통계청〉

한국인 수명 1938년 35세에서
2022년 83.5세로 80년 동안 '50세' 늘어

2022년 보건복지부가 발표한 자료에 따르면, 한국인의 기대 수명은 83.5세에 이릅니다. 이는 OECD 평균보다 3년 더 길며, 일본 다음으로 높은 순위를 차지하고 있습니다.

의학 기술의 발전과 영양에 대한 과학적 접근 덕분에 인간의 수명은 매년 증가하고 있습니다.

한국은 이제 세계 평균을 웃도는 장수국이 되었습니다. 불과 몇십 년 전만 하더라도 한국은 지금의 절반에도 못 미치는 단명의 국가였습니다.

1938년에 발표된 '경성 주민의 생명표'라는 통계에 따르면, 남자의 평균 수명은 32세에서 34세, 여자는 35세에서 37세였다고 합니다.

일본강점기 시절 조선 사람의 수명은 일본인보다 10년 짧았고, 서구 국가들에 비해 약 30년이나 짧았습니다.

가장 긴 수명을 자랑하던 나라는 뉴질랜드로, 평균 70세였습니다. 오늘날 기준으로 보면 경악할 만한 차이입니다.

조선인들의 평균 수명이 35세 안팎에 머문 이유는 유아 사망률이 높았기 때문입니다. 조선에서는 출생 후 1년 내 사망하는 유아가 평균 20%에서 25%로 세계 최고 수준이었습니다.

또한 일제 말기에 접어들면서 일제의 수탈이 거세졌고, 경제적으로 궁핍하며 위생 상태 역시 열악했습니다. 이러한 요인들이 결합되어 단명의 원인이 되었다고 해석됩니다.

사장님

● 1974년에 사기 사건으로 구속된 사장님들

전국 유령 부실회사 3,959개 〈출처: 조선일보, 1974년 10월 11일자〉

'김사장, 박사장, 이사장', 사장(社長)님 풍년 시대

"김사장님, 전화 받으세요."

1970년대 다방에서 종업원이 이렇게 외치면, 다방 구석구석에 있던 5~6명의 넥타이를 맨 점잖은 사람들이 일제히 일어나 전화기 앞으로 달려가던 시절이 있었습니다. 그 당시에는 사장 타이틀이 넘쳐나는 시대였습니다.

1970년대 초반만 해도 다방에서 사장님을 부르면 김사장, 박사장, 최사장 등 여러 사장님이 북적거렸습니다.

이 호칭이 상징하듯, 당시 '사장'이라는 타이틀은 성공의 상징이기도 했지만, 허세와 사기꾼의 또 다른 별칭이기도 했습니다.

실제로, 자본도 없고 직원도 없는 유령 회사를 차려놓고 불법 행위를 저지르다 적발된 '사장님 사기 사건'도 많이 발생했습니다. 1974년에 우리나라 성인 인구가 약 1,600만 명 정도였는데, 그 중 무려 11만 명이 '사장'이라는 호칭을 달고 다녔습니다. 이는 성인 인구 145명 중 한 명꼴로 사장이 있었다는 의미입니다. 그야말로 '사장님 전성시대'였습니다.

004

다방

● 옛날 다방 모습을 담고 있는 을지다방

커피 두 스푼, 프림 두 스푼, 설탕 세 스푼

호황기 누리던 다방, 한때 전국에 3,447개 번성

　요즘에는 카페나 커피숍으로 불리는 다양한 휴식 공간들이 있지만, 1960~70년대에는 쌍화차를 제공하는 '다방'이 황금기를 누렸습니다. 당시에는 다방에 관한 백서까지 나올 정도로 인기가 높았습니다.

　1967년에 보사부(현 보건복지부)는 다방에 대한 통계를 조사했습니다. 조사 결과 전국적으로 3,447개의 다방이 있었으며, 서울에는 1,298개, 부산에는 400개의 다방이 번성하고 있었습니다.

　다방을 찾는 손님 중 60% 이상이 다방 커피를 즐겼고, 그다음으로는 밀크와 홍차가 인기를 끌었습니다. 이들은 대체로 30분에서 1시간 정도 머물렀습니다.

　다방을 주로 이용하는 연령층은 30~40대가 가장 많았습니다. '일주일에 한 번 이용한다'라는 응답이 전체의 45%를 차지했으며, 공무원과 정당에서 일하는 사람들은 '하루에 한 번 이상 이용한다'라고 답했습니다. 평균적으로 퇴근 후 약 1시간 동안 다방에 머물다가 귀가하는 것이 일반적이었습니다.

하루 평균 다방 출입자 수는 약 100명이며, 이들은 단순히 커피뿐만 아니라 경양식 요리도 함께 팔기를 원했습니다.

요즘은 시골 읍에 가야 겨우 한두 곳의 다방을 찾을 수 있습니다. '커피 두 스푼, 프림 세 스푼, 설탕 두 스푼', 정감 어린 레시피의 다방 커피를 맛보러 사람들은 종종 물어물어 그곳을 찾아가곤 합니다.

005 흥신소

● 탈법으로 구속되는 흥신소 대표

〈출처: 조선일보 1965년 5월 29일〉

'무엇이든 알아봐 드립니다'
신흥 직업 '흥신소' 등장

1960년대에는 '흥신소'라는 새로운 직업이 등장했습니다. 흥신소는 일종의 심부름센터로, 공개적으로 처리하기 어려운 문제나 사람 찾기 등을 주요 업무로 삼았습니다. 1967년 기록에 따르면 당시 흥신소 조사원은 전직이 경찰관이나 세무서 출신들이었습니다.

그러나 조사 경험이 풍부한 인력이 부족해 종종 의뢰 고객과 마찰을 빚기도 했습니다. 한 번은 모 상사에서 경쟁사의 경영 실태를 조사해 달라는 의뢰를 받았는데, 비전문가가 조사를 맡아 결국 고객사의 항의로 계약이 파기된 사례도 있었습니다. 이러한 이유로 능력 있는 조사원을 스카우트하기 위한 경쟁이 치열하게 벌어지곤 했습니다.

당시 흥신소 수수료는 내무부가 건당 1,000원으로 기본요금을 설정했지만, 부대 경비를 합치면 보통 6,000원 안팎이었습니다. 흥신소의 조사 방법은 직접조사와 간접조사 두 가지 방식으로 나뉘었습니다.

직접조사는 거래를 위한 신용조사에 많이 활용되었고, 간접조사는 산업 스파이 역할을 담당했습니다. 특히 규모가 큰 흥신소에서는 웬만한 회사 정보는 다 구비하고 있어 단 10분 만에 경쟁사 정보를 제공할 수 있었다고 합니다.

흥신소의 법적지위는 1977년 신용조사업법에서 1995년 신용정보보호법으로 바뀌었습니다.

흥신소는 원래 탐정을 낮춰 부르는 명칭이었는데, 2020년에 신용정보보호법 개정으로 탐정업이 합법화되면서 지금은 주로 '탐정'이라는 명칭을 사용하고 있습니다. 현재 탐정사무소는 전국에 200여 개가 있다고 합니다.

006

전당포

● 1920년대는 전당포 번성기

연도	전당포 물건 맡긴 건수	빌려간 금액
1921년	8,700	1만4,900원
1922년	1만700	1만5,800원
1923년	1만2,400	1만5,900원

〈출처: 동대문경찰서, 1923년 발표〉

일제 강점기 궁핍한 백성들의 사금융
1920년대는 '전당포' 번성기

전당포는 돈이 부족한 서민들이 물건을 저당 잡히고 필요한 자금을 마련하는 곳입니다.

오랜 세월 동안 전당포는 고리대금으로 악명이 높았지만, 서민들에게는 없어서는 안 될 중요한 사금융 기관이었습니다. 오늘날 전당포는 과거만큼의 명성을 잃었지만, 여전히 긴급한 자금이 필요한 사람들에게 필수적인 존재로 남아 있습니다.

우리나라에서는 1898년 법률 제1호로 전당포법이 제정되면서 전당포 사업이 시작되었습니다. 일본 강점기에는 높은 이율로 인해 고리대금이라는 비아냥을 들었으며, 일본 자본이 조선을 침탈하는 구실을 맡기도 했습니다. 이에 대한 원성은 끊이지 않았습니다.

1920년대에도 전당포에 물건을 맡기고 돈을 빌리는 사례가 매년 증가했습니다.

동대문경찰서에 따르면 1921년에만 동대문 관내 전당포에 저당 잡힌 사례가 8,700건이며, 금액은 1만4,900원이었습니다.

　1922년에는 1만700건의 물건이 저당 잡히고 1만5,800원을 빌려 갔습니다. 1923년에는 건수가 1만2,400건으로 늘어났고 금액도 1만5,900원으로 증가했습니다.

　기록에 따르면 물건을 저당 잡힌 사례는 증가했으나, 전당포에서 물건을 찾아간 사례는 점점 줄어들었다고 합니다. 이는 당시 궁핍한 생활상을 반영한다고 할 수 있습니다.

　일제의 수탈이 본격화되기 전인 1920년대에도 이러한 상황이었다면, 본격적인 수탈이 시작된 1930년대 후반부터 우리 국민의 생활은 더욱 힘들어졌음을 짐작할 수 있습니다.

007

성씨

● 1960년 우리나라 성씨별 인구 분포

◇姓氏別 인구수

姓	인구수	姓	인구수
金	5,440,275	裵	196,010
李	3,711,084	白	191,076
朴	2,112,076	曺	184,222
崔	1,192,663	許	162,407
鄭	1,090,444	南	138,536
姜	592,984	劉	137,686
趙	549,212	沈	134,169
尹	516,985	盧	124,557
張	505,018	河	112,259
林	413,101	丁	112,163
韓	397,817	成	99,972
吳	384,990	車	98,696
申	381,873	具	96,482
徐	377,833	郭	96,047
權	361,688	禹	94,863
黃	350,907	朱	93,499
安	349,462	任	92,414
柳	346,126	田	91,249
洪	336,839	羅	90,197
全	288,385	辛	89,429
高	240,608	閔	89,262
孫	233,311	俞	82,535
文	228,927	池	79,362
梁	228,820	陳	78,386
	225,772	嚴	73,989

〈출처: 경제기획원, 1961년 발표〉

대한민국 사람 10명 중 5명은
김, 이, 박, 최, 정씨

 2015년 조사에 따르면, 우리나라에는 총 5582개의 성씨가 존재한다고 합니다.

 이렇게 다양한 성씨가 생겨난 이유는 여러 분파의 형성뿐만 아니라 외국인의 귀화로 인해 새로운 성씨가 만들어졌기 때문입니다.

 하지만 70년 전으로 거슬러 올라가면, 단지 259개의 성씨만이 존재했습니다. 이는 1960년도 경제기획원이 실시한 조사 결과입니다.

 더 나아가 1930년에는 250개의 성씨가 있었으며, 그 후 30년 동안 9개의 성씨가 추가되었습니다.

 당시에도 가장 많은 성씨는 김 씨였습니다. 1960년 기준으로 김(金) 씨를 가진 사람은 약 544만 명에 달했으며, 이(李) 씨는 약 371만 명, 박(朴) 씨는 약 211만 명, 최(崔) 씨는 약 119만 명, 정(鄭) 씨는 약 109만 명으로 집계되었습니다. 이 다섯 개의 주요 성씨를 합치면 인구수는 1,000만 명을 넘었습니다.

참고로, 2015년 기준으로 김 씨를 가진 인구는 전체 인구의 약 21.5%, 이 씨는 약 14.7%, 박 씨는 약 8.4%, 최 씨는 약 4.7%, 정 씨는 약 4.3%로 나타났습니다. 이 다섯 개의 성씨가 전체 인구의 절반 이상인 약 54%를 차지하고 있습니다.

008

본적지

● 1968년 서울 시내 지역별 최다 본적지는 서울, 경기도, 충남 순이었다

지역	본적지별
중로구	서울-경기-충남
중구/동대문구	경북-전남-경기
성동/성북구	서울-경기-전남
서대문/마포/영등포구	충남-경기
용산구	전남-경북

〈출처: 서울시 1968년 발표〉

서울시민 본적지는 어느 지역이 많을까
'서울-경기-충남-전남' 순

현재는 본적에 대한 개념이 희미해졌지만, 과거에는 지방에서 일자리나 학업을 위해 서울로 이주하는 경우가 많아 본적을 중요하게 여겼습니다.

1968년, 서울시는 당시 서울시민 438만7,487명을 대상으로 본적지를 조사했습니다.

조사 결과, 전체 인구 중 약 44%인 187만 명이 원래 본적지가 서울 출신으로 조사됐습니다. 그다음으로 많은 비율을 차지한 곳은 경기도로, 서울 인구의 11%인 약 50만 명이었습니다. 이어서 충청남도가 세 번째로 많았는데, 약 42만 명이었습니다. 네 번째는 전라남도가 본적지인 서울시민이 약 40만 명이었습니다.

그 외에도 경상북도 출신은 약 32만 명, 전라북도 출신은 약 26만 명, 충청북도 출신은 약 20만 명, 경상남도 출신은 약 19만 명, 강원도 출신은 약 11만 명, 부산 출신은 약 6만 명이었으며 제주 출신은 약 1만9,000명이었습니다.

지역별로 살펴보면 주택가가 밀집한 종로구에는 서울, 경기, 충남 출신들이 많이 거주했고 상업 지역인 중구와 동대문구에는 경북, 전남 그리고 경기 출신들이 다수를 차지했습니다. 성동구와 성북구에는 서울과 경기, 전남 출신들이 많았습니다.

　마포구와 영등포구에서는 서울과 경기도, 전남 사람들이 주를 이루었고 용산구에는 전라남도와 경상북도를 본적으로 둔 사람들이 많이 살았습니다.

009

복어

● 복어 먹고 사망한 경성시민들

살인독약 복어내장 〈출처: 동아일보, 1924년 1월 10일〉

영양가 높은 복어에 얽힌 슬픈 사연들

복어는 오랜 세월 동안 단백질과 칼슘이 풍부하고 간 해독에 탁월한 효능을 지닌 물고기로 알려져, 우리 선조들이 즐겨 먹던 음식 중 하나였습니다. 그러나 그 맛이 아무리 뛰어나더라도 잘못 섭취하면 지금은 복어로 인한 사망사고는 드물지만 생명을 잃을 수도 있습니다.

허준의 『동의보감』에서도 복어에 대해 "맛은 달지만, 독이 있다. 몸에 좋다고 하지만 조리를 잘못하면 사람이 죽게 되므로 조심해야 한다"라고 경고하고 있습니다. 그만큼 복어를 잘못 조리해 목숨을 잃은 사례가 많았습니다.

1920년대에도 복어로 인한 사건 사고가 끊이지 않았습니다. 예를 들어, 1923년 12월 한 달 동안 경성에서만 복어를 먹고 생명을 잃은 사람이 12명이나 되었습니다. 1950~60년대에도 매년 20~30명이 복어 중독으로 사망했습니다. 2010년에는 탤런트 현석 씨가 복어를 먹고 중태에 빠지면서 복어에 대한 경각심이 다시 높아졌던 일화도 있습니다.

그러나 이와 같은 비극적인 사건들 뒤에는 서글픈 사연들도 있습니다.

동아일보 기사(1924년 1월 10일 자)에 따르면, 당시 빈곤한 조선인들이 고기를 먹을 기회가 없어 남들이 버린 생선을 먹다가 그만 독에 감염돼 안타깝게 죽었다고 합니다.

특히 홀아비 밑에서 자란 두 남매가 길거리에 버려진 복어를 주워 먹고 사망했다는 슬픈 이야기도 있습니다. 이는 가난했던 시절의 참담한 현실을 보여줍니다.

010

결혼과 이혼

● 1946년 vs. 2022년 혼인 및 이혼건수

구분	1946년	2022년	증가율
혼인건수	1만6,828건	19만1,000건	11배 증가
이혼건수	1,280건	9만3,000건	73배 증가

〈출처: 통계청, 1946년도 수치는 8개월 기간〉

80년 동안 혼인 11배, 이혼은 73배 늘었다

1945년 8월 해방 이후, 사회 각 분야에서 다양한 통계가 발표되었습니다. 특히, 당시 사람들의 생활상을 엿볼 수 있는 혼인과 이혼 통계는 많은 관심을 끌었습니다. 정부는 1947년 6월에 1946년 4월부터 12월까지 약 8개월간의 혼인과 이혼 통계를 발표한 기록이 있습니다.

기록에 따르면, 1946년도 약 8개월 동안의 혼인 건수는 총 1만6,828건으로 조사되었습니다. 경기도 내에서 혼인 건수가 가장 많았으며, 그 수는 1,988건이었습니다. 이어서 경북, 경남, 충남, 충북 순으로 혼인 건수가 많았습니다.

같은 기간 동안 집계된 이혼 건수는 총 1,280건이었으며, 이는 전체 혼인 건수 대비 약 7.6%에 해당하는 수치입니다.

현재와 비교해 보면, 2022년의 혼인 건수는 총 19만1,000건으로 조사되었고, 이혼 건수는 총 9만3,000건에 달합니다. 이는 1946년에 비해 혼인은 약 11배 증가했지만, 이혼은 무려 73배나 증가한 것입니다. 이러한 변화는 우리가 결혼의 본질을 다시금 깊이 생각하게 만듭니다.

011

해외로 간 조선인

●한일 강제 합방 이후 13년간 해외로 이주한 조선인 수가 25만 명을 웃돌았다

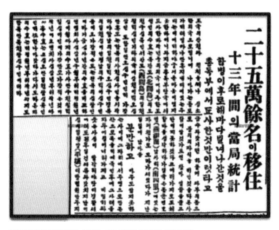

이십오만여명이 이주 〈출처: 조선일보 1923년 5월 2일〉

'아! 간도', 1910~20년대 해외로 이주한
조선인 '25만 명'

1910년 한일 강제 합방이 이루어진 후, 나라를 잃은 선조들은 대거 해외로 이주하기 시작했습니다.

당시 해외로 떠난 조선인들은 일본의 강압적인 침탈을 피해 조국을 떠나거나 독립운동에 참여하기 위해 떠난 사람들이었습니다. 이는 오늘날의 해외 이민과는 전혀 다른 개념입니다.

1910년부터 13년 동안 해외로 이주한 조선인은 약 25만 명에 달했습니다. 당시 우리나라 총인구가 약 1,700만 명이었으니, 상당히 많은 사람이 이주한 셈입니다.

최근에는 연간 약 1만여 명의 한국인이 해외로 이민을 가고 있습니다.

대표적인 이주 지역은 조선과 중국의 접경지였던 간도 지방이었습니다.

1910년 전후로 간도로 이주하는 사람이 급격히 늘어났습니다. 기록에 따르면, 1910년 9월부터 1911년 12월까지 간도로 이주한 우리나라 사람은 무려 2만5,193명이나 되었다고 합니다.

간도는 압록강과 두만강 근처에 위치해 있었으며, 1922년 한 해 동안 북간도로는 5,096명, 서간도로는 1,710명, 기타 외국으로는 3,253명 등 총 약 1만여 명이 해외로 이주했습니다. 지역적으로는 함경남북도와 경상도에 거주하던 조선인들의 이주가 가장 많았습니다.

012

해녀

● 1960년대 제주 해녀는 2만5,000명이었으나 지금은 1/10로 줄어들었다

〈출처: 제주시〉

제주도 해녀 2만 5,000명이던 시절 있었지만 지금은 1/10로 줄어

제주도가 오늘날 천혜의 관광지로 각광받고 있지만, 1960년 대만 하더라도 이곳은 척박한 섬에 불과했습니다.

당시 기록을 살펴보면, 제주도의 총인구는 남성 17만 명, 여성 18만7,000여 명으로 여성 인구가 더 많았습니다. 이는 성인이 된 남성들이 주로 육지로 진출했던 그때의 경향을 반영합니다.

그 시절 제주도민들은 농업과 어업에 의존하는 전통적인 생활 방식을 벗어나지 못했습니다.

지금도 그렇지만, 당시 제주 여성들은 근면하고 성실한 태도로 어느 지역이나 나라의 여성들과 비교할 수 없을 만큼 강인했습니다.

당시 제주 인구의 84%가 농업에 종사했고, 63만 재일교포중 약 25%가 제주 출신이었다는 기록이 있습니다.

해녀는 약 2만5,000여 명에 달해 제주 해안 곳곳에서 물질을 했습니다.

그러나 해녀 수는 매년 줄어들기 시작해, 2023년 기준으로 겨우 2,840명에 불과합니다. 이는 1960년대와 비교했을 때 약 1/10 수준으로 감소한 것입니다.

게다가 현재 해녀 중 60세 이상 고령층 비율은 무려 96.5%에 달합니다.

제주의 주요 산업이 관광업으로 바뀌면서 이제는 물질하는 해녀를 만나기가 점점 어려워지고 있습니다.

013

반공포로

● 반공청년들의 10년 후(1963년)

10년 후 모습	인원
의사	160명
대학강사	150명
초중고 교사	320명
목사	160명
장교	310명
직업하사관	330명
경찰관	160명
자영 및 상업 종사자	600명
고인	310명
병상	290명
제3국(브라질 등) 정착	70명
반실업 내지 실업상태	1만2,000명

〈출처: 반공청년회, 1963년 발표〉

1953년 전격 석방된 반공포로 10년 후 그들의 삶

6.25 전쟁 당시 거제도에 포로로 있던 북한군 및 중국군 포로 중, 한국인 8,000명과 중국인 1만5,000명이 판문점에서 자유의 다리를 건너기 직전 한국을 선택했습니다.

휴전을 목전에 둔 1953년 6월 18일, 이승만 대통령은 약 2만7,000명의 반공포로를 전격적으로 석방했습니다.

그 후 10년이 지난 시점에서 이들은 어떻게 변했을까요? 당시 반공청년회에 따르면 남한으로 귀순한 반공포로 중 약 1/3은 서울에 거주하고 있었습니다.

이들의 직업 통계를 보면 의사 150명, 대학 강사 150명, 초중고 교사 320명, 목사 160명, 장교 310명, 직업군인 330명, 경찰관 160명 등 다양한 분야에서 활동하며 안정된 삶을 유지하는 경우가 많았습니다.

총 약 2,500명이 사회적으로 비교적 안정된 삶을 살고 있었지만, 여전히 약 1만2,000명의 반공포로들은 실업 상태에 놓여 있었습니다. 또한, 전쟁 후유증으로 병상에 있는 사람도 290명이었으며, 고인이 된 경우도 310명이었습니다.

브라질이나 인도, 아르헨티나 등 해외로 이주한 포로들도 약 70여 명에 달했다고 합니다.

이러한 이야기를 다룬 소설로는 최인훈의 『광장』이 유명합니다. 이는 이데올로기 대립으로 인해 벌어진 동족 간의 처절한 전쟁이라는 슬픈 역사의 단면을 보여줍니다.

014

번지수

● 1974년 한 번지에 1,000여 가구가 난립하던 서울 수색동 풍경

〈출처: 경향신문〉

우편배달부를 멘붕에 빠뜨렸던
한 번지 안에 1000여 가구

만약 같은 번지에 1,000여 가구가 있다면, 우편배달부는 어떻게 해야 할까요? 1974년 당시에는 이러한 혼란이 빈번했습니다. 지금은 상상하기 어렵지만, 동일한 번지에 1,000여 가구가 존재하는 동네가 있었습니다.

1974년 서울시 은평구 수색동에는 주택이 2,800동 있었고, 총 5,200가구에 약 3만 명의 주민이 살고 있었다고 합니다.

번지수로는 1번지에서 317번지까지 해당되었으며, 번지당 가옥이 10동 미만인 경우도 있었지만, 심한 경우 1,000동 이상에 2,000가구, 1만여 명의 주민이 거주했습니다.

따라서 동사무소에서도 어디에 몇 동의 건물이 있는지조차 파악할 수 없었습니다.

이 동네에서 주소만으로 집을 찾는 것은 '종로에서 김 서방 찾기' 만큼이나 어려웠다고 합니다.

당시 이렇게 번지가 불합리하고 무질서하게 된 이유는 사유지인 산에 무허가 건물이 난립했기 때문입니다. 외부인이 이곳에서 집을 찾으려면 두세 시간은 족히 걸렸다고 합니다.

　심지어 우편배달부들은 수취인의 이름을 부르며 골목을 누비다가 그대로 돌아가는 경우도 많았습니다.

　현재 수색동은 재개발 사업이 완성되면서 예전과는 전혀 다른 현대 도시의 모습으로 변모했으니 상전벽해가 따로 없을 정도입니다.

015

동성동본

● 1970년대 동성동본을 이유로 법적 부부의 연을 맺지 못한 사실혼
  부부가 최대 10만 쌍

10만 쌍 동성동본 부부들의 눈물겨운 사연들

동성동본(同姓同本)은 성과 본관이 같은 혈연을 의미합니다. 조선 시대부터 동성동본은 결혼할 수 없는 금혼 제도에 묶여 있었습니다.

성과 본이 같다는 이유만으로 결혼을 금지한다는 것이 합리적이지 않다는 의견이 계속 제기되어, 1997년에 헌법재판소가 헌법불합치 결정을 내려 효력을 정지시켰습니다. 결국, 2005년 3월에 동성동본 금혼 제도는 폐지의 길을 걷게 되었습니다.

동성동본제가 폐지되기 전까지만 해도 가끔 사회면에 동성동본으로 인해 결혼하지 못한 남녀가 자살로 생을 마감했다는 기사가 심심찮게 등장하곤 했습니다.

지난 1962년에 정부 통계에 따르면 동성동본불혼 규정에 묶여 있는 동성동본 부부가 5만 쌍이라고 발표된 바 있습니다. 이 수치는 계속 늘어 1970년대 중반에는 10만 쌍이 넘었다고 합니다.

법적인 부부를 입증받지 못했으니, 결혼 이후 자식을 낳고 호적에 올리는 등 여러 면에서 어려움이 많았습니다.

당시 성과 본관이 같더라도 파가 다른 경우면 법원에서 혼인의 효력을 인정했습니다. 하지만 입증의 책임이 당사자에게 있다는 점 때문에 많은 동성동본 부부들이 법적인 지위를 획득하지 못했습니다.

예를 들어 김해김씨라 하더라도 시조(始祖)가 다르면 혼인신고가 가능했지만, 입증자료를 제시하지 못했다는 이유만으로 결국 신청이 좌절된 일도 있었습니다.

이후 동성동본관계인 사실혼 부부들은 1년 기한 내 혼인신고를 할 수 있는 특례제도가 생겼습니다.

1978년, 1988년, 1996년에 정식으로 혼인신고를 할 수 있었는데, 당시 신고한 커플만 2만 쌍에 달했다고 합니다.

1997년 헌재의 선고로 동성동본 법률효력이 정지되면서 약 10만 쌍의 부부들이 법적 부부의 지위를 회복하게 되었습니다.

016

인구정책

● 가족계획 표어 변천사

1960년 대	많이 낳고 고생말고 적게 낳아 잘 키우자
1970년 대	딸아들 구별말고 둘만 낳아 잘 기르자
1980년 대	하나씩만 낳아도 삼천리는 초만원
1990년 대	아들 바람 부모 세대 짝꿍없는 우리 세대
2000년 대	낳을수록 희망 가득 기를 수록 행복 가득

'하나씩만 낳아도 삼천리는 초만원'
이렇게 말하던 시절이 있었는데...

저출산 문제가 심각한지 오래입니다. 특히 대한민국은 OECD 국가 중 합계출산율이 '1' 미만인 유일한 국가로, 2300년이 되면 인구 감소로 인해 국가 공동체가 소멸할 첫 번째 국가라는 경고까지 들려옵니다.

정부는 지난 2005년부터 저출산 해결을 위해 다양한 대책을 내놓았지만, 그 실효성은 여전히 부족합니다. 그러나 지금으로부터 50년 전에는 상황이 완전히 달랐습니다.

당시에는 늘어나는 인구 때문에 골머리를 앓았습니다. 따라서 정부는 인구 억제를 위한 여러 가지 대책을 마련했습니다. 오늘날처럼 인구 문제가 심각해질 줄은 전혀 예상하지 못하던 시기였습니다.

1976년에는 인구 억제를 위한 인구정책 심의위원회가 설치되었습니다.

당시 우리나라의 인구밀도는 357명이었는데, 1980년에 388명, 1985년에 424명으로 증가할 것으로 예상했습니다. 또한,

인구 증가율 역시 1975년 1.64%에서 1981년에는 1.61%로 올라가며, 인구는 1985년에 약 4,200만 명에 이를 것으로 보았습니다.

더욱이 가임 여성 수도 1975년에 875만 명에서 1985년에는 1,114만 명으로 증가할 것으로 예상했습니다.

정부는 여성 한 명당 평균 출생아 수를 1975년의 3.5명에서 1980년에는 2.9명으로 낮추고, 1990년까지는 이를 다시 2.0명으로 줄이는 것을 정책 목표로 삼았습니다.

정부 대책의 핵심은 가족계획과 이민 정책을 통해 인구 재생산을 줄이는 것이었습니다.

바뀐 인구정책 현실이 씁쓸하게 다가옵니다.

017

국제결혼

● 1960년대 국제혼인 건수 〈단위: 건수〉

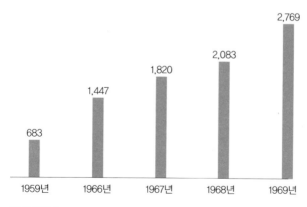

〈출처: 법무부〉

국제혼인 60년 만에 '2,000건에서 2만 건' 10배 늘어

국제화 시대에 걸맞게 한국인과 외국인 간의 국제혼인 건수는 연간 2만 건에 달합니다. 전체 혼인 건수 10건 중 1건입니다. 2022년 기준으로 한국 남성이 외국인 여성과 혼인한 건수는 1만2000건, 한국 여성이 외국인 남성과 혼인한 건수는 5000건으로 외국인 여성과의 혼인 건수가 7000건이 더 많다는 통계도 있습니다.

그렇다면 1960년대 국제혼인 건수는 어떨까요. 1959년 국제혼인 건수는 683건이었습니다. 그러다 매년 국제혼인이 늘어나면서 1966년에는 1,447건으로 늘어났고, 1967년에는 1,820건, 1968년에는 2,083건, 1969년에는 2,769건으로 증가했습니다.

재미있는 것은 1968년 국제결혼 총 2,083건 중 우리나라 남녀가 관련된 결혼 건수는 2,073건인데, 이중 외국인 여성과 결혼한 한국 남성은 2명에 불과했고, 외국인 남성과 결혼한 여성은 2,071명이었습니다. 한국 여성과 결혼한 남성의 국적은 미국 국적이 2,067명으로 압도적이었습니다. 요즘 한국 남성들이 가장 많이 결혼하는 외국 여성은 국적이 베트남, 중국, 태국 여성 등이 65%를 차지하고 있습니다.

018

빈곤

● 경상남도 등화 통계

구분	호수
전체 가구	41만5,000호
조선인 가구	39만5,000호
전등 사용 가구	3만4,000호(8%)
란포 사용 등화 가구	7만2,000호(19%)
석유 사용 등화 가구	7,200호(2%)
등화 사용 않음	243호(0%)

〈출처: 조선총독부, 1935년〉

등불 밝기와 빈곤층의 상관관계

　최근 경제적으로 급부상하고 있는 인도는 전 국민의 10%가 빈곤층입니다. 인도에서 빈곤층을 조사하는 방법 중에 야간 조명 밝기를 통해 지역의 빈곤도를 측정하는 지표가 있습니다. 즉, 경제적으로 빈곤한 지역일수록 야간에 조도 밝기가 약할 것이란 가정에서 이 지표를 사용하고 있습니다. 과거 일제 강점기 때에도 이처럼 등 밝기 또는 등의 종류를 파악해 빈곤 지역을 조사한 자료가 있습니다.

　1935년, 조선 총독부에서 경상남도를 대상으로 12월 31일 밤에 지역별로 얼마나 등불이 켜져 있는지를 가지고 빈곤층을 조사했다고 합니다. 당시 통계 기록에 보면 조선 백성들의 열악한 처지를 알 수 있었습니다.

　경상남도의 총 호수는 41만4,992호였으며, 이중 조선인 호수는 39만4,930호였고, 선진 문명의 산물이었던 전기를 이용한 전등을 가정에서 사용한 경우는 3만3,700여 호로 전체의 8%에 불과했습니다. 90% 이상이 석유나 기타 등을 사용했는데, 등화를 전혀 사용하지 않은 극빈자층도 243호에 달했습니다.

019

전차

● 1899년 전차 개통식

〈출처: 한국역사박물관〉

경성전차 초창기 시절에 한해 사고만 '301건' 발생

처음 서울에 전차라는 신문명이 달리던 시기는 1899년입니다. 세계에서 처음 전차가 실용화된 게 1881년이니 굉장히 빠른 시기에 서울에서도 전차가 등장했습니다. 당시 신문물 도입에 적극적이었던 고종의 결단이 있었기 때문이라고 합니다.

대한제국 시기에 4개였던 전차 노선은 한일합병 이후 수가 늘어나 1943년 일제 통치 말기에는 16개 노선이 다녔습니다. 당시 전차는 노면으로 다니는 노면전차를 의미합니다. 개통 당시에는 40인승 차량 8대와 황실 전용 귀빈 차 1대로 구성돼 있었습니다.

경성에 전차가 다니기 시작하면서 당연히 전차 사고도 잦아졌습니다. 1922년 한 해 동안 경성 시내에서 일어난 전차 사고가 총 301건이었습니다. 이중 사망한 경우는 3명이고, 중경상을 입은 사람은 298명이었다고 합니다. 1923년 4월 한 달 동안 총 11건의 사고가 발생해 죽은 사람이 1명, 부상자가 10명이었습니다. 경성전차는 이후 서울전차로 이름이 변경됩니다. 경성전차는 1968년에 폐지되고, 지하철 시대가 본격적으로 열리게 됩니다.

020

이혼 사유

● 1910년~20년대 이혼 사유 Top3

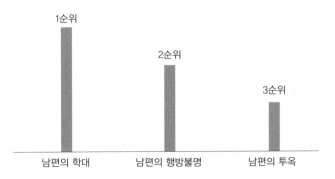

1920년대 이혼 사유
'남편의 학대' '남편 행방불명' '남편 구속'

현대 사회에서 이혼은 큰 문제는 아니라고 하지만 1910년 ~1920년대만 하더라도 이혼은 드문 경우였고, 일대 사건이었습니다. 이혼에 대한 편견은 지금보다 더 심했던 때였습니다.

이혼 소송 건수는 1915년에 830건이었던 게 1916년에 905건, 1917년에 951건으로 매년 증가하더니 1918년에는 1,142건으로 1,000건을 넘어섰고, 1919년에는 1,218건으로 늘었습니다.

이혼에 대한 부정적인 시각이 극심했던 당시에 왜 이혼을 했을까요. 이혼 소송을 낸 당사자는 예나 지금이나 여성이 많았습니다.

이혼 사유 1위는 '남편의 학대'가 가장 많았으며, 2위는 '남편의 행방불명으로 인한 생활의 곤란함'이 주원인이었습니다.

당시 시대적 상황을 고려한다면 많은 남자가 징병으로 끌려가거나 독립투쟁에 나섰던 시기라 행방불명이란 의미가 와 닿습니다.

3위는 '남편의 투옥'으로 인한 이혼 소송이 많았습니다. 여성들이 이혼 소송을 제기하면서 위자료를 청구하는 경우가 많았습니다.

참고로 2022년 우리나라 이혼 건수는 9만3,000건에 달합니다. 요즘 이혼하는 주된 이유로는 '성격 차이' '경제 문제' '배우자 부정' 등이 가장 많습니다.

021

빈민촌

● 일본 강점기 경성 거주 조선인 중 5%는 하루 한 끼로 연명해야하는 고달픈 처지였다

일제 강점기, 서울 중구와 용산구는 '빈민들의 은신처'

일제 강점기 시절에 조선 백성들은 대부분 가난하고 궁핍한 생활을 면하지 못했습니다. 구체적인 통계 자료가 부실하지만, 당시 생활상을 엿볼 수 있는 기록이 있습니다.

'경성부 조사계'에서 조사한 자료에 따르면 한양에 거주하는 30만 명의 인구 가운데 약 5%인 1만5000여 명이 하루 한 끼로 연명할 정도로 비참한 생활을 했습니다.

당시 기록에 따르면 3,500여 호에 1만5,000여 명의 경성시민이 한 달에 30원 이하의 생활비로 살았다고 합니다.

1920년대 1원 가치는 현재 기준으로 1~2만 원이라고 했을 때 한 달에 40~50만 원 이하의 생활비로 근근이 생활을 영위했다고 할 수 있습니다.

이들 빈민은 번화가나 시내에서는 터전을 잡지 못하고 한강변이나 산 구석에 거주했으며, 이마저도 힘든 빈민들은 무너진 성벽 밑이나 언덕 밑에 움막을 치고 생활했습니다.

한겨울에 추위를 피하는 건 고사하고 하루에 한 끼 조차도 해결하기 어려웠다는 기록도 있습니다.

경성 시내에서도 특히 광희이정목(현 서울 중구) 일대에 220호 가구 1,000여 명의 빈민이 밀집돼 있어 가장 많은 서민이 몰려 있었습니다.

용산 서부이촌동에도 220호에 800여 명의 빈민이 거주했습니다. 그러나 지금 중구와 용산은 부촌으로 많이 알려져 있습니다.

022

단속

● 1938년 청소년 풍기 문란(?) 단속 건수 순위

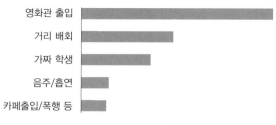

〈출처: 경기도, 1938년 발표〉

거리를 배회해도 단속에 걸리던 시절이 있었다

일제 수탈이 절정에 달했던 1938년은 사회적으로 암울한 나날이었습니다.

독립투사에 대한 무자비한 탄압이 이어지고, 조선인들은 일제의 수탈과 탄압에 숨죽여 힘든 나날을 보내고 있었습니다.

그 시절에도 학생들이라고 별반 다르진 않을 것입니다. 하지만, 당시에도 사춘기를 보내는 소학교 학생들의 반항심은 여전했나 봅니다.

경기도에서 1937년 4월부터 1938년 3월 말까지 1년간 초·중학생들의 사고 통계를 작성했는데, 사고를 일으킨 학생 가운데 조선인 학생이 총 3,690건, 일본인 학생이 831건이었습니다.

특히 초중학교와 남녀 성별로 구분해서 봤더니 중등 학생(현재의 중고교생) 남자가 전체의 70%를 차지했다고 합니다. 여학생이 일으킨 사고는 중학생 110건, 초등학생 85건으로 미미했다고 합니다.

사고 유형을 보면, 중등 학생의 경우 출입이 금지된 영화관

출입이 695건으로 최다였고, 초등학생은 '거리를 방황하다 단속되는 경우'가 330건으로 가장 많았습니다. 지금에서 보면 거리를 돌아다닌다고 단속하는 경우가 있다는 게 상상이 안갑니다.

이밖에 음식점이나 카페, 학교로 가는 척하고 노는 학생, 음주, 흡연, 폭력, 절도, 부녀자 따라다니는 짓(스토커) 등이 있었다고 합니다.

음주와 흡연으로 걸린 경우는 100여 건이었으며, 가짜 학생으로 적발된 경우도 249건에 달했습니다.

023 개 물림

● 1948년 경기도내 개물림 사고 현황

구분	건수
개물림 사고	284건
인명피해	363명
피해입은 소	12마리

〈출처: 경기도〉

개 물림 사고 방지책
야견박살(野犬撲殺) 정책을 아시나요

우리 가정 안에서 함께 숨 쉬며 사랑받는 반려동물의 수가 1,000만 마리를 넘어섰습니다. 특히 강아지는 오랜 시간 동안 인간과 가장 밀접한 관계를 맺어온 동물 중 하나로 현재도 그 인기는 여전히 높습니다.

과거에도 사람들은 개를 가장 친숙한 반려동물로 여겼으며, 이러한 정서는 시대를 거치며 변함없이 이어져 왔습니다.

하지만 맹견에 의한 개 물림 사고는 수시로 일어납니다. 2023년 하더라도 '개 물림 사고'는 2,000여 건에 달하는 것으로 조사됐습니다. 월평균 180건 가까이 발생합니다.

80년 전에도 개 물림 사고는 많았습니다. 1948년에 경기도에서 1년간 발생한 개 물림 사고를 조사했더니 총 284건의 사고가 발생해 363명의 인명피해를 입혔다고 합니다. 심지어 개한테 물려 사망한 사람도 7명이었다고 합니다. 사람뿐만 아니라 맹견 때문에 죽은 소도 12마리였습니다.

때문에 경기도는 한 달 동안 떠돌이 개를 대상으로 한 '야견

박살(野犬撲殺)'을 실시했다고 합니다.

이 기간에, 주인 없는 개들에 대한 일제 단속이 이루어졌으며, 사람들은 자신의 반려견이 피해를 보지 않도록 잘 묶어두라는 경고도 받았습니다.

024

박봉

● 1953년 빈곤했던 공무원 생활

법창서 본 공무원 생활 〈출처: 조선일보 1954년 1월 16일자〉

박봉에 시달리던 공무원, 범죄에 노출되다

6.25 전쟁 직후 우리나라 생활상은 비참했습니다. 대한민국 모든 사람이 대부분 가난과 빈곤에 시달렸습니다. 공무원이라고 별반 다를 게 없었을 것입니다. 서울지방검찰청에 따르면 1953년 1년간 공무원 범죄 건수는 총 330건에 달했습니다. 그러다 1961년에만 공무원이 범죄에 연루된 경우가 3,198명으로 치솟더니 1962년에는 5,184명으로 크게 증가했으며, 1968년에는 8,460명으로 늘었다고 합니다.

1953년 기록에 따르면 가장 많은 범죄는 경찰관의 독직 공갈, 직권남용 등이었고 교통부 직원들의 절도 및 업무 횡령 등 금융 및 재산 관련 범죄가 많았습니다.

이는 당시 공무원 봉급이 300~400원에 불과해 생활을 안정적으로 꾸리기가 힘들었습니다. 일부 언론에서는 공무원들 생활을 기적이라고까지 표현했습니다. 공무원의 금융 범죄가 늘어나면서 당시 정부는 수차례에 걸쳐 봉급인상 계획을 발표했습니다. 하지만 이러한 약속은 종종 공염불에 그쳤고, 공무원 범죄는 계속 증가하는 경향을 보였습니다.

025

기생충

● 1970년대 기생충이 발견된 학생들에게 선생님이 구충제를 나눠주고 있다

〈출처: 한국건강관리협회〉

기생충이 그저 영화제목만은 아니었던 시대

1950년대 전쟁 직후 생활상도 빈곤했는데, 특히 자라나는 어린이들에겐 발육에 영향을 주는 악조건들이 많았습니다. 주위 환경이 열악했기 때문에 특히 회충 같은 기생충이 많았습니다. 당시만 해도 회충은 흔한 증세로 알려졌는데, 몸속에 회충이 있어야 아이가 순해진다든지 밥도 잘 먹는다는 속설도 유행하는 등 웃지 못할 이야기도 많았습니다.

위생 관념이 희박했던 1960년대까지 한국인에게 기생충은 흔한 것이었고 전 국민의 질병이라 할 수 있었습니다. 해방 후 미 군정에서 실시한 장내 기생충 감염률 조사 결과는 회충 82.4%, 편충 81.1%, 구충 46.5% 등 대부분 인구가 최소 1종 이상의 기생충에 감염되었다고 합니다. 심지어 서독에 파견 간 광부들 가운데 90%가 기생충을 보유했다고 할 정도였습니다. 당시 기생충학자들은 한국을 자조적으로 '기생충 왕국'이라 부르기도 했다는 게 이해가 갑니다.

1964년 전주병원에 근무하던 포클레인 박사가 장폐색증에 걸린 9살 여자아이를 부검했는데, 1,062마리의 회충이 검출됐다고 합니다.

1964년 '기생충박멸협회'가 설립되고 1966년 '기생충질환 예방법'이 국회를 통과하여 전국적인 기생충 박멸 사업이 시행되자 장내 기생충 감염은 빠르게 감소했습니다.

당시 개발도상국을 지원하기 위해 선진국들이 많은 지원을 했다고 합니다. 그중에 서독의 의료진이 한국에 병원을 설립하고 많은 아동을 치료했습니다.

기생충은 1960년대 초까지 한국인과 친숙한 관계를 맺다가 1960년대 후반부터 강력한 기생충 억제 정책을 펼친 효과로 지금은 거의 사라지게 됐습니다.

『기생충』은 이제 우리에겐 '아카데미 작품상'을 안겨준 봉준호 감독의 대표작으로 탈바꿈하게 됐습니다.

026

연탄가스

엄청난 煉炭中毒犧牲者
서울에만 한해 81名

「여름에는 식중독, 겨울에는 「가스」중독」이라 할만큼 구공탄 「가스」는 해마다 많은 인명을 앗아가고 있는데 3일낮 서울城東구 玉水洞山五 金吉善(45)씨의 딸넷이 한꺼번에 목숨을 잃은 참사는 그 대표적인 예라고도 할수 있다. 이 사고의 가장 무서운 점은 한 방에서 일가족이 자다가 집단적으로 참화를 입기 쉬운 점으로 당국의 집계에 의하면 작년 9월1일부터 금년 8월말까지 一년동안 「가스」중독으로 사망한 자만도 시내에서만 모두 八십一명 (남자四七명, 거자三四명)으로서 당순히 소생한 사람까지 합치면 피해자는 근 二백명이 될것으로 추산하고 있다.

겨울철 (11월에서 3월)까지 五개월동안이 전체 피해자의 반수이상 五명 (약六八%) 아궁이에 구공탄을 거의 안때는 7·8월에는 사망자가 없다.

경찰은 이러한 사고를 미연방지하기 위해 예방 경찰력을 동원, 사고가 일어나기 쉬운 판잣집이나 움막집, 토굴집 등을 일일이 답사, 위험성여부를 살펴 붙혀서란 제등을 강화하기

엄청난 연탄중독희생자 〈출처: 동아일보, 1962년 연탄가스 사망사고가 급증했다는 기사〉

김칫국 동나게 했던 안방 노리던 사신(死神) '연탄가스'

지금도 일부 화훼농가나 빈민 지역에서 연탄불을 드물게 사용하지만, 대다수 가정에서 연탄은 사라진 유산이라 할 수 있습니다. 1960년~70년대 우리 생활에서 연탄은 정말 중요한 연료였습니다.

하지만 매년 수백 명이 연탄가스 중독으로 사망하는 예도 발생해 연탄은 '안방 노리는 저승사자'라고 했습니다. 당시만 하더라도 매일같이 신문 사회면에는 '연탄가스로 일가족 사망' 등의 기사가 줄을 이었습니다.

1965년 경찰 집계에 따르면 당시 서울에서만 연탄가스 사고가 241건 발생해 475명이 피해를 보았는데, 사망한 사람이 138명이었습니다.

1970년대에도 연탄가스 사고는 계속 이어졌는데, 1973년에는 468명이 숨졌고, 1977년에도 517명이 목숨을 잃었답니다.

더욱이 1965년부터 1977년까지 연탄가스로 인한 누적 희생자 수가 7,117명에 이를 정도로 당시 연탄가스로 인한 사망사고가 빈번하게 발생했습니다.

정부에서도 연탄가스 사고를 방지하기 위해 각종 대책을 잇달아 내놓았습니다.

흐린 날씨를 조심하라든지 또는 환자가 발생했을 때 김칫국을 먹이는 민간요법은 효과가 없고 맑은 공기를 숨을 쉬게 하라든지 등의 대책들이 쏟아져 나왔습니다.

지금은 연탄 자체를 구비하는 가정이 많지 않아 연탄가스로 피해를 보는 경우는 드물지만 가난했던 그 시절을 상징하는 대표적인 유산으로 연탄은 상징적이라 할 수 있습니다.

027

청소년 범죄

● 1965년 당시 영화 제목이 청소년에게 유해하다고 당국으로부터 경고받은 작품

'육체의 고백'은 청소년 범죄를 유발한다?

영화가 범죄를 유발한다는 생각에 여러분은 동의하시나요? 1960년대는 폭력이나 에로영화가 청소년들의 강력 범죄 유발 원인 중 하나였다는 지적이 많았습니다. 물론 대부분 독자는 이해하기 어렵겠지만 유교 문화가 강했던 1960년대에는 이에 대한 편견이 심했습니다.

1965년 당시 내부부(현 행정안전부)가 다음과 같은 통계를 내놓았습니다. 첫째는 청소년범죄의 42.2%는 영화 구경이나 음주 등의 용돈을 마련하기 위해 범죄를 저질렀다고 합니다. 둘째, 청소년 풍기 문란 사범(흡연, 음주, 흉기 소지 등) 가운데 미성년자 관람 금지 영화 관람이 39%로 최다였다고 합니다.

1965년 당시 관객의 흥미를 유도하기 위해 야한 영화 제목을 붙이는 게 하나의 유행이었습니다. 당시 제목에서 문제가 됐던 영화들은 '육체의 고백', '불량소녀 장미', '살인 명령', '정사' 등입니다. 게다가 저질 문화 조성을 야기한다는 제목으로 '사람팔자 알 수 없다', '뛰는 놈 위에 나는 놈', '희갑이 목욕탕 개업' 등 별문제 없어 보이는 영화도 저질 영화로 취급받았다고 하는 웃픈 시대였습니다.

028

범죄 동기

● 1955년대 서울시내 발생한 범죄 동기 유형

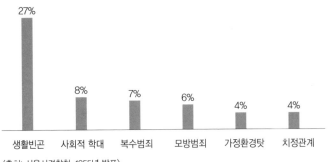

〈출처: 서울시경찰청, 1955년 발표〉

생활고가 범죄 동기 1순위였던 시절

사회가 이루어진 이래 범죄는 끊이지 않고 일어납니다. 이러한 범죄들은 동기들도 다양한데, 금전 문제에서부터 사회에 대한 소외, 원한 관계, 치정 관계 등 여러 요인 때문에 죄를 짓습니다. 시대별로도 다소 차이가 있습니다.

전쟁 직후인 1950년대에는 범죄 동기 중에 가장 많은 원인이 주로 가난 때문이었습니다. 전쟁 직후라 시대적 특성이 반영된 것이라 할 수 있습니다. 서울경찰청에서 1955년 서울 시내 범죄 건수를 조사했더니 총 1만446건의 범죄가 발생했다고 합니다. 이중 가장 1순위는 '생활 빈곤' 때문이었습니다. 전체 범죄의 약 27%를 차지했습니다.

두 번째로 많았던 범죄 동기는 '사회적 학대' 때문이었습니다. 사회의 냉대에 분개해 범죄를 저지른 게 총 884건인데, 전과가 있는 재범자들이 많았다고 합니다. 복수심에 불타 범죄를 저지른 건수가 많았습니다.

전쟁 직후라는 시대적 상황상 돈 때문에 빚어진 범죄도 680건에 달했으며, 가정환경이 나빠 범죄를 저지른 건수도 403건에 달했습니다.

어린 학생들이 어른들의 죄를 모방해 저지른 모방범죄도 632건에 달했으며, 치정 관계 얽혀 범죄를 저지른 것도 400건이 넘었다고 합니다.

최근에 대검찰청 통계에 따르면 주요 범죄 동기로 우발적 범행, 이욕, 생활비 마련, 사행심 등이 꼽히고 있습니다.

029

버려진 아이들

● 1957년 1월 한 달 동안 서울 시내 차디찬 길거리에 버려진 아이가 65명이었다

한 달 동안 어린이 65명 길바닥에 버려지다

　요즘이라면 상상할 수 없는 일이지만, 예전에는 아기를 길거리에 버리는 사건이 종종 발생했습니다. 피치 못할 사정이라곤 하지만 참 씁쓸한 세태였습니다. 이렇게 버려진 아이들은 해외로 입양한 경우가 많았습니다. 우리나라는 1953년 전쟁 직후부터 2021년까지 총 16만9,000여 명을 해외로 입양돼 한때 '아동 수 출국 세계 3위'라는 오명을 갖기도 했습니다.

　무엇보다 6.25 전쟁 여파가 컸습니다. 당시에 길거리에는 부모 잃은 고아들이 동냥하던 사례가 많았습니다. 1957년에 발표된 서울시 통계에 따르면 1957년 1월 한 달에만 시내 길거리에 버려진 아이가 65명에 달했다고 합니다. 이는 전년도 같은 기간에 버려진 아이가 29명이었는데, 1년 전과 비교해 버려진 아이가 30명 이상 늘어났습니다. 서울시에 따르면 1956년 12월 한 달 중에도 64명의 아이가 차디찬 길바닥에 버려졌다고 합니다.

　전쟁 직후의 어두운 사회상을 보여주는 통계라고 할 수 있습니다.

2

살림살이와 경제

030

빈대떡

● 해방 후에 개인소득 최고 소득자 직업

순위	직업	하루 수입	월 평균
1	여급	평균 2,000원	평균 6만 원
2	기생	평균 1,500원	평균 4만5,000원
3	밤거리 악사	최고 7,000원	평균 4만 원
4	우동가게	평균 1,000원	평균 3만 원
5	빈대떡 장사	최고 2,000원	
	봉급쟁이		4,000~5,000원

〈출처: 서울시〉

빈대떡 신사는 서민,
빈대떡 장사는 '리치보이'

　해방 이후 나라가 어수선하던 1948년. 당시 서울시에서 세무 기초조사를 위해 직업군별 소득을 추적했습니다.

　도회지 생활 속에서 봉급쟁이보다 더 많은 수입을 거두고 있는 계층이 있어 신문 지상에 소개가 된 바 있습니다. 특히 유흥가 종사자들의 수입은 입이 떡 벌어질 정도였습니다.

　1948년 서울시가 조사한 결과에 따르면 서울에서 최고 연봉을 받는 직업은 바로 유흥가에서 일하는 웨이트리스 즉, '여급'이었습니다. 월급 없이 팁으로 생활하던 당시 여급의 하루 평균 수입은 2,000원, 월 6만 원을 벌었습니다.

　2위 역시 유흥가에 근무하던 '기생'이었습니다. 기생들은 당시 하루 1,500원, 한 달 4만5,000원의 수입을 올렸습니다. 해방의 기쁨을 술집에서 많이 풀었나 봅니다.

　3위는 밤거리의 악사로 하루 최고 7,000원, 월평균 4만 원의 소득을 올렸다고 합니다. 4위는 우동가게를 하는 자영업자로 하루 평균 1,000원, 한 달 평균 3만 원의 매상고를 올렸습니다.

5위는 빈대떡 장사입니다. 하루 최고 2,000원까지 수입을 올렸습니다. 양복 입은 신사가 무전취식 하다 걸려서 주인장에게 혼나면서 '돈 없으면 집에 가서 빈대떡이나 부쳐 먹지'라고 조롱당했지만, 정작 빈대떡 장사는 고소득 직업이었습니다.

당시 일반 봉급쟁이 한 달 급여가 4,000~5,000원 하던 시기이니 이들 직업군 종사자들은 거의 10배를 벌어들인겁니다.

최근과 비교하자면, 일반 근로자 월평균 임금이 300만~400만 원이니 이들은 3,000만~4,000만 원 이상의 수입을 거둔 꼴입니다.

기생학교 학생들

031
서기 2000년

● 1971년에 상상한 서기 2000년의 한국 도시 상상도

〈출처: 경향신문〉

1970년도에 바라본 '2000년 대한민국'은 어떤 모습?

21세기가 시작된 지도 벌써 24년이 흘렀습니다. 1970년대에는 서기 2000년에 대한 기대감이 한창 부풀어 오르던 시기였습니다. 사회문제, 경제문제가 해결되는 시기를 서기 2000년이라 상정했던 모양입니다. 1960년대 당시 세계적인 미래학자인 허만칸 박사가 저술한 『서기이천년』이란 미래학책은 나름의 기준을 가지고 미래를 조망해 공전의 히트를 기록한 베스트셀러였습니다. 당시 많은 미래학자가 2000년 대한민국을 예측한 작업을 수행했습니다. 한국과학기술연구원과 미래학회가 공동으로 연구한 서기 2000년 한국의 모습은 어땠을까요. 그리고 실제랑 얼마나 다를까요?

우선 2000년에 한국의 인구는 5,000만 명, 1인당 국민소득은 2,000달러로 내다봤습니다. 실제 2000년 우리나라 인구는 4,700만 명, 1인당 국민소득은 1만2,000달러였습니다. 인구는 비슷하게 맞췄는데, 국민소득은 1만 달러 이상 격차가 납니다. 평균 수명도 예측했는데, 2000년 평균 수명은 80세를 예상했는데, 실제와 유사합니다. 하지만 이 정도는 어느 정도 예측이 가능했을 것입니다.

상상했던 내용 가운데 서울이 수원, 인천, 강원도 일부를 포함해 메트로폴리스로 거듭나고, 해저 도시가 등장한다고 전망했습니다. 주요 운송 수단은 자동으로 운전하는 자율주행차가 등장할 것이고, 전기자동차가 대세가 될 것이라 예견했습니다. 또한, 2000년에는 컴퓨터가 보편화돼 컴퓨토피아 시대가 열린다고 전망했습니다. 포켓북 크기의 전자계산기가 상용화되고 외국어 번역이나 모든 서류를 컴퓨터가 알아서 해결하는 시대가 열린다고 전망했습니다. 특히 오늘날 디지털 헬스케어나 에듀테크를 예상했듯이 전자계산기에 의한 교육, 컴퓨터에 의한 병의 치료가 널리 행해질 것으로 전망했습니다. 또한, 주5일제가 보편화될 것이란 예상도 내놓았습니다. 사실 이 모든 게 불과 60여 년에 예측한 내용이라 일부는 좀 과장되기도 하지만, 그래도 상상을 현실화하는 것에 대한 인류의 도전은 언제나 경이롭습니다. 대체로 2000년 한국은 풍요로운 나라이지만, 비윤리적인 면도 나타날 것이라 지적했습니다. 경제가 발전하면서 나타나는 공해, 수질오염 및 대기오염 등의 부작용도 만만찮게 등장할 것으로 예측했습니다.

032

냉면 가격

● 1891년 한양물가와 요즘 물가 비교

품목	1892년 물가	2023환산	요즘물가	비교
장국밥	5~6전	8,000원	8,000원	기준물가
술값(탁주 1~2잔)	4~5전	7,000~8,000원	8,000원	소주2병
쌀한섬 (180kg) 215냥	344만 원	50~60만 원		
냉면	1냥	1만6,000원	1만~1만2,000원	
관상	5냥	8만 원	5만~10만 원	
품삯	2냥	3~4만 원	10만 원	
가마꾼	2냥4전~9냥	4만~14만 원	3~4만 원	콜택시
부조	10냥	16만 원	10만~20만 원	

〈출처: 하재일기(荷齋日記 서울시사편찬위 간)〉

130년 전에도 고물가 시대,
하루 노임 '4만 원'에 냉면 가격 '1만6,000원'

최근 들어 고금리 여파로 물가가 크게 올랐습니다. 물가가 오르면 그만큼 서민들의 가계가 힘들어집니다. 그렇다면 지금으로부터 130년 전 물가는 어땠을까요?

1891년 한양 시절, 물가를 보여주는 기록이 있습니다. 궁궐 등에 그릇을 납품하던 지(池) 씨라는 사람이 쓴 『하재일기』에 기록이 나와 있습니다. 당시 지 씨는 서울 인사동에서 하숙하면서 매일매일 우리 일상사와 관련된 다양한 분야에 관한 일기를 남겼습니다.

기록을 보면, 흔히 요즘 백반이라 할 수 있는 장국밥이 5~6전이었다고 합니다. 요즘으로 치면 8,000~9,000원 정도입니다. 냉면 한 그릇이 1냥이니 요즘 돈으로 환산하면 1만6,000원꼴입니다.

요즘 고물가 시대와 비교하면 19세기 말 조선의 물가를 짐작할 수 있습니다. 가마꾼을 부르는 값은 2냥 4전에서 9냥까지입니다. 요즘으로 환산하면 4만 원에서 14만 원이니 비싼 편입니다. 술값은 탁주 한 두잔 비용이 4~5전이니, 요즘 소

『하재일기』

주 2병 값(8,000원) 정도 되는 금액입니다. 쌀 한 섬은 180kg인데, 돈 215냥이라고 한다면 요즘 화폐가치로 344만 원입니다. 2023년 현재 쌀 80kg 가격이 20만 원 정도이니 180kg이면 50~60만 원 수준입니다. 쌀이 주식이다보니 요즘 시세로 보면 당시 쌀값이 꽤 비싼 편이었습니다.

반면 인건비는 저렴한 편입니다. 밭을 가는데 드는 품삯이 2냥이면 요즘 시세로 3~4만 원 꼴입니다. 하지만 최근 일용직 근로자 일당이 10만 원 정도이니 지금과 비교하면 인건비는 무척 싼 편입니다. 장례식이나 결혼식에 부조하는 비용은 10냥입니다. 요즘 시세로 16만 원 정도입니다. 많이 하는 편입니다. 관상 보는 비용도 5냥이라치면, 현재가치로 8만 원 정도 되는 비용입니다. 이자는 월 3푼 선이자, 연리 36%에 해당합니다.

033 주식 투자

● 대한증권거래소 개장식

〈자료: 1956년, 한국거래소〉

전 국민의 2%만 주식 투자하던 시절

지금에야 주식 투자하는 게 보편적인 현상이지만, 과거에는 주식 투자하는 사람은 아주 특수한 계층이거나 엘리트들의 전유물이었습니다. 2023년 현재 기준으로 국내 주식투자 인구는 1,416만여 명입니다. 통계적으로 보면 전체 국민의 28%가 주식투자를 하고 있다고 볼 수 있습니다.

1960년대에는 주식투자 인구는 2%에 못 미쳤습니다. 이웃 나라인 일본은 1967년에 주식투자를 하는 인구가 23.7%에 달했습니다.

하지만 우리나라 주식 인구는 상장회사 기준으로 1.58%에 불과했으며, 비상장기업까지 합쳐도 2%가 채 되지 않았습니다.

1956년 3월 3일 대한증권거래소가 출범할 당시 상장기업은 12개에 불과했습니다.

상장된 종목은 조흥은행, 저축은행, 한국상업은행, 흥업은행 등 4개 은행과 대한해운공사, 대한조선공사, 경성전기, 남선전기, 조선운수, 경성방직 등 일반기업 6곳, 정책적 목적으로 상장된 대한증권거래소와 한국연합증권금융뿐이었습니다.

이후 1970년대, 1980년대를 거치면서 우리 증시는 발전에 발전을 거듭, 현재의 모습에 이르게 됐습니다.

대한민국을 대표하는 삼성전자는 1975년에 상장했습니다. 수정주가 기준으로 1주당 56원입니다. 지금 주가는 7~8만 원을 오르내립니다. 주식을 100만 원어치 샀다면 지금은 10억 원이 넘습니다.

034 인공지능

● 50년 전에 21세기 한국은 컴퓨터가 사회 모든 분야에 도입돼 활용될 것임을 예언

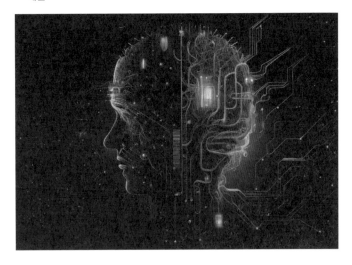

21세기 인공지능이 세상을 바꾼다?
50년 전 노스트라다무스급 예언

"21세기는 정보산업의 시대가 될 것이며, 정보의 홍수 속에서 컴퓨터를 이용한 그 처리와 활용이 모든 것을 지배하는 시대가 될 것이다."

1970년 동아일보 연중기획 기사 '한국 2000년'의 첫 머리글입니다. 이미 55년 전에 21세기는 정보화 사회가 도래할 것이란 예측은 이곳저곳에서 나옵니다. 정보산업은 정보나 지식을 생산하고 키우고 유통하는 산업으로서 여기의 핵심은 컴퓨터가 될 것이란 예측도 실현되고 있습니다.

당시에 미래학자들은 컴퓨터가 인간의 뇌 역할을 담당하는 인공지능 수준까지 다다를 것으로 예견했습니다. 특히 소프트웨어 발전이 눈부시게 나타날 것을 확언합니다. 컴퓨터가 일상생활에 미치는 영향력도 전망했는데, 행정전산망을 예상했듯이 행정 절차 간소화에도 기여할 것으로 전망했습니다.

특히 21세기에는 전산도서관이 등장해 누구나가 편리하게 각종 정보가 제공되며, 교육 및 의료분야에도 컴퓨터 도입이 활발해질 것으로 예상했습니다. 법조 영역에서도 컴퓨터가 판례나 육법전서를 기억시킨 컴퓨터를 활용하는 사례가 보편화될 것이라 했습니다. 현금 없는 세상을 만드는데도 컴퓨터가 일조할 것으로 것도 전망했습니다. 요즘의 모바일 결제를 보면 어느 정도 과거의 예측이 적중했다고 할 수 있습니다.

21세기는 컴퓨터 없이 존재할 수 없으며, 컴퓨터의 발명은 문자 발명과 유사성을 갖고 있다는 예측은 나름 상당한 설득력이 있어 보입니다.

55년 전 컴퓨터 출현과 정보사회 도래를 정확히 예언했던 점에 비추어 볼 때 앞으로 50년 후 100년 후 우리의 미래를 예측하는 것은 중요한 과제가 될 것입니다.

035

담배

● 일제 강점기 시절 담배 종류들

〈출처: 한국디자인학회〉

연간 담배 연기로 날아간 돈
1,700만 원에서 17조원으로

흡연이 해롭다는 건 예나 지금이나 변함이 없습니다. 게다가 흡연으로 지출되는 소비가 나날이 늘어나 한때 사회적으로 문제가 됐습니다. 특히 일제 강점기 시절에는 담배 인구가 급속도로 늘어나 당시에도 당국이 신체적인 폐해는 물론 담배 구입에 소요되는 비용도 만만찮았다고 경고했습니다.

우리나라에 담배가 처음 등장한 때는 통설로는 1590년 임진왜란 때 왜군이 소개했다고 합니다. 이후 17세기부터 민간에서도 담배를 피우기 시작해 서민층에까지 급속히 전파됐습니다.

1900년대 들어서면서 흡연인구는 급격히 늘었고, 여기에 드는 비용도 커져만 갔습니다.

1920년대 기록에 따르면 대부분 남성은 흡연자였습니다. 1924년 담배를 담당하던 관청인 전매국에서 담배에 관한 통계자료를 발표했습니다.

1년간 담배 구입에 들어간 돈이 1,706만 원이었습니다. 우리나라 인구가 1700만 명이었는데, 산술 상으로 1인당 담배 구입에만 1원을 사용한 꼴입니다. 하지만 여성이나 어린이, 종교인 등을 제외하고 절반 정도가 흡연자라 치면 인당 2원꼴로 담뱃값이 들었을 것으로 추정됩니다.

1920년 2원은 큰돈이었습니다. 지금처럼 생활 수준이 높지 않은 데다, 수입도 궁핍했기 때문입니다. 중독이 심했다고 합니다.

기록에 따르면 술값은 담뱃값의 배가 될 것이라 예상했습니다. 1년에 담배와 술 소비에만 우리 선조들이 5,000만 원이란 엄청난 돈을 지불한 것입니다.

참고로 현재 우리나라 흡연율은 18% 수준이며, 연간 담배 시장은 17조 원을 웃돌고 있습니다.

036

전기차

● 1881년 프랑스 발명가 구스타프 투루베가 발명한 최초의 전기로 가는 자동차

70년 전 예측한 전기로 가는 '미래 자동차', 대세가 되다

　세계 자동차 시장에서 이제 전기차가 대세로 떠오르고 있습니다. 전기자동차는 내연기관 대신 전기 모터를 사용해 운동 에너지로 삼는 차세대 자동차입니다.

　사실 전기자동차는 1873년에 가솔린 자동차보다 먼저 제작됐지만 여러 문제로 대중화되지 못했습니다. 하지만 환경문제가 대두되면서 가솔린을 대체할 미래형 자동차로 주목받기 시작했고, 특히 테슬라가 전기차를 개발한 이후 전 세계적으로 전기차는 미래형 자동차로 각광받고 있습니다.

　전기자동차는 2022년도에만 1,000만 대가 팔렸으며, 신차 판매량의 30%를 웃돌고 있습니다. 조만간 전기차가 대세가 될 날도 멀지 않았습니다.

　70년 전에 전기차에 대한 전망을 담은 기사가 게재돼 흥미를 끌었습니다. 조선일보가 1957년에 영국의 레이놀즈 뉴스 기사를 인용한 내용에 따르면 미래는 가솔린 차가 거리에 없어지게 되며, 휴대용 발전기로 추진하는 전기자동차가 대세가 될 것이라 보도했습니다.

당시에 영국이 전기차 분야에서 가장 앞서 있는 나라였습니다. 영국 국립연구평의회는 조만간 전기차가 완성되면 석유에 덜 의존하는 시대가 열릴 것이라고 밝혔습니다.

그러고 보니 예언은 맞았지만 시기는 너무 오래 걸린 셈입니다. 전기차는 영국이 원조지만 미국과 중국이 시장을 주도하고 있습니다.

037

컴퓨터

● 1960년대 컴퓨터가 그린 케네디 대통령

〈출처: 경향신문, 1969년 3월 15일자〉

초창기 시절, 한국에는 단 8대의 컴퓨터가 있었다

1960년대 후반부터 우리나라에도 컴퓨터 보급이 활발하게 일어났습니다. 컴퓨터가 미래 시대를 좌우할 중요한 기기라는 것에 다들 동의하고 있었습니다. 하지만 경제적으로 힘든 시기를 보내고 있던 우리나라에서 컴퓨터 보급은 지지부진하기만 했습니다.

1969년 기록에 따르면 우리나라에서 사용하고 있는 컴퓨터는 과학기술처, 한국은행, 보사부, 육군본부, 금성사 등 6개 기관에 사용 중인 8대밖에 없었습니다. 이는 미국에 컴퓨터가 보급된 게 5,000대, 일본 2,000대에 비해서 미미한 숫자였습니다. 8대 중에서도 작동하는 컴퓨터는 5대에 불과했습니다. 나머지 3대는 기술진의 부족과 기종 선정 실수로 아예 작동조차 하지 못했습니다. 모 제약회사에서는 컴퓨터 기종을 잘못 선정해 3,000만 원이란 거금을 손해 보기도 했습니다.

지금에서는 상상하기 힘든 일들이지만, 컴퓨터가 도입됐던 초기에는 많은 에피소드와 해프닝, 그리고 웃지 못할 사연들이 많았습니다.

038

펀처

● 1970년 초 컴퓨터가 본격 도입되면서 주목받았던 직업인 키펀처

여성들에게 인기 짱이었던 '펀처'를 아시나요?

컴퓨터가 한국에 도입되기 시작한 1960년대 후반부터 우리 나라에서도 컴퓨터 관련 직업들이 주목받기 시작합니다. 당시 에 '프로그래머'나 '펀처'라는 직업이 뜨면서 강습소가 이곳저 곳에 생겨나기 시작하고 많은 취업 준비자들이 몰렸습니다.

1970년도에 프로그래머와 펀처 교육을 담당했던 기관은 한 국전자계산소와 한국과학기술연구소, 대한전자주식회사 등 3 곳이었습니다. 이들 강습소에서 기초과정과 고급과정까지 합 쳐 배출해낸 프로그래머는 1970년 3월 기준 200명에 달했습 니다.

외국 컴퓨터 회사에서 수료 받은 프로그래머들까지 포함하 면 거의 3,000여 명에 달했습니다. 하지만 당시 프로그래머 취 업률은 높지 않은 편이었습니다. 실제 컴퓨터를 도입해 활용 하는 기관이 많지 않았기 때문입니다.

반면 펀처는 취업률이 80%로 높았습니다. 외국의 펀처 용역 수출이 늘고 있어 펀처 수요가 크게 늘었기 때문입니다. 특히 펀처는 여성들에게 인기있던 직업이었습니다.

펀처는 타자기와 같이 생겨 약정된 기호를 번호로 표시하는 기계인데 이를 만지는 사람이 바로 펀처였습니다. 이들의 한 달 수입은 1970년 초에 대략 2만 원 내외입니다. 대졸 사원에 해당하는 금액이었습니다.

프로그래머는 정보화 시대가 도래한 1980년대부터 유망한 직업으로 분류됐으며, 현재는 인공지능 등 첨단 기술의 발전으로 가장 유망한 직업 중 하나입니다.

039

근검 절약

● 1962년 vs. 2022년 지자체별 평균 월 근로소득

지역	1962년	2022년
서울	4만5,150원	390만 원
경기	4만4,200원	357만 원, 322만 원(인천)
충북	3만9,200원	319만 원
충남	3만1,500원	337만 원, 374만 원(세종), 343만 원(대전)
전북	3만900원	299만 원
전남	3만200원	331만 원, 306만 원(광주)
경북	2만5,300원	338만 원, 395만 원(울산), 298만 원(대구)
경남	2만6,000원	323만 원, 303만 원(부산)
강원	4만1,100원	298만 원
제주	2만5,000원	298만 원
평균	3만4,000원	351만 원

〈출처: 통계청〉

소득보다 생계비가 많이 들어
'근검'과 '절약'을 입에 달고 살던 시절

통계청에 따르면 2022년 우리나라 근로 소득자의 월 평균소득은 351만 원입니다.

지역으로 비교해 보면 격차가 있습니다. 가장 높은 울산시는 평균 395만 원인 반면 대구, 강원, 제주는 298만 원으로 월 임금 격차는 100만 원에 달합니다.

지역 간 임금 격차는 시대별로도 비슷한 추세입니다. 과거에도 지역 간 임금 격차는 심했습니다.

정부에서 1962년에 전국 5인 이상 1만6,000여 사업장에 종사하는 37만여 명의 임금 근로자를 조사했습니다.

월평균 임금은 3만4,000원. 당시 서울지역 평균 월수입이 4만5,000원으로 가장 높았고, 가장 낮은 충청남도는 2만3,500원으로 서울보다 2만 원가량 낮았습니다.

특히 서울 중구 근로자의 경우 4만9,500원으로 가장 임금이 높았으며, 경상북도 울릉군의 경우 3,840원으로 가장 낮았습니다.

문제는 소득보다 생계비가 더 많았다는 사실입니다. 당시 근로자의 한 달 생계비는 평균 5만5,600원입니다.

지출에 비해 소득이 5,900원 부족했습니다. 때문에 근검절약만이 살길이었습니다.

헌 옷 기워입고, 소박한 반찬으로 식사를 해결해야만 했습니다.

2022년 현재 우리나라 가구당 소득은 지출에 비해 110만 원가량 높은 편입니다. 그나마 살기가 좋아졌다고 할까요.

040

화교

● 1924년 경성시내 중국인 가게 현황

업종	개	비중
음식점	220	45%
잡화상	92	19%
요리업	40	8%
농업	41	8%
이발업	22	5%
농산물 행상	15	3%
의복제조	14	3%
제화업	7	1%
토목업	5	1%
기타	29	6%
전체	485	100%

〈출처: 경성부, 2014년 자료〉

중국인의 놀라운 상술,
'조선 상권'을 장악하다

19세기 말 중국인들은 세계 각지에 이주하면서 중화민족 특유의 경제 공동체를 형성해 글로벌 네트워크망을 빠르게 구축합니다. 그들을 화교라 불렀습니다.

중국인들은 특유의 상술로 발빠르게 전 세계 주요 상권의 중심부를 장악했습니다. 현재 전 세계 GDP 규모가 110조 달러인데 중국 화교 자본 규모는 4조 달러가 넘습니다.

1920년대에도 중국인들은 조선에서 뛰어난 상술을 발휘해 주요 상권을 장악했습니다. 1924년 당시만 해도 경성 시내에만 중국인들이 운영하는 가게가 485개였으며, 종사자 수만 해도 1,130명이었습니다.

재미있는 것은 1,130명의 종사자 중 조선인은 1명, 일본인도 1명뿐이며 나머지는 전부 중국인이었습니다. 철저한 폐쇄주의였습니다.

이들이 진출한 업종은 다양했습니다. 음식점에서부터 잡화상, 이발소, 농산물 행상, 양복 제조, 구두제조 등 분야를 가리지 않았습니다. 그중에서도 특히 음식점에 진출하는 사례가 가장 많았습니다.

특이한 것은 호떡 가게를 하는 중국인이 그렇게 많았다고 합니다. 호떡 가게에서 출발해 청요릿집으로 업그레이드하는 게 당시 중국 상인들의 전형적인 성장 패턴이었습니다.

무엇보다 이들 중국인이 연간 매출액도 통계에 잡힌 것만 866만 원에 달할 정도로 규모가 대단했습니다.

통계에 잡힌 것만 이 정도니 실제 조선에서 중국인들의 상권 장악은 대단했다고 해석할 수 있습니다.

'재주는 곰이 부리고 돈은 중국인이 번다'라는 19세기 조선 사람들의 시각이 당시 현실을 반영합니다.

041

소와 돼지

● 1922년 vs. 2022년 도축된 가축수

구분	1928년	2022년
소	27만두	101만두
돼지	13만9,000두	1,850만두
말	268두	1,000두
전체(약)	42만두	2,000만두

〈출처: 경성부, 농림수산부〉

'돈(豚)'보다 '우(牛)'를 더 많이 먹었던 1920년대

예전부터 소나 돼지 등 가축은 우리 선조 때부터 일용할 단백질 공급원입니다. 과거에는 특별한 때가 아니면 소고기나 돼지고기를 먹을 여건이 안 됐습니다.

집안에 큰 잔치가 있거나 특별한 날이 아닌 경우에는 육고기를 섭취하기란 쉽지 않았습니다.

농림식품부에 따르면 요즘 한국인들은 1년에 1인당 평균 42.7kg을 먹고 있습니다. 지난 30년 동안 섭취한 고기양은 4배로 늘었습니다. 따라서 비만 인구도 많이 늘어난 부작용도 생겼습니다.

그렇다면, 1920년대 우리나라 사람이 육류 섭취량은 어느 정도였을까요. 1922년에 1,700만 조선사람들이 일 년 동안 먹은 가축 수요가 총 41만 두였습니다. 그중에 소는 27만5,800두였고, 돼지는 13만926두, 말은 268두를 도축했습니다. 특이한 사실은 당시에는 돼지고기보다 소고기가 더 식탁에 자주 올라왔다는 것입니다. 소를 키우는 축산업자가 양돈업자보다 많았기 때문으로 해석됩니다.

육류 소비가 늘면서 도축된 가축은 매년 크게 늘었습니다. 2022년 기준으로 식용으로 도축된 돼지는 1,850만두, 소는 101만두입니다. 말은 1,000여 마리입니다.

100년 전보다 인구는 3배 늘었는데, 인간의 일용할 양식으로 쓰인 가축은 48배가 늘어난 셈입니다.

042

일자리

● 1924년 경성시내 취업률 현황

구분	경성거주 인구	취업자수	취업률
조선인	20만7,000명	5만4,800명	26%
일본인	7만6,000명	2만9,600명	39%
기타 외국인	4,000명	3,300명	83%

〈출처: 경성부〉

3D 업종에 내몰렸던 일제 강점기 선조들

1920년대는 1차대전 여파로 전 세계가 굉장히 힘들고 어려운 시절이었습니다. 새로운 강대국이었던 미국도 대공황 시기를 거치면서 실업자가 급증하는 등 고통의 시절을 겪던 때였습니다.

당시 조선도 일제 치하 시기라 경제적으로도 힘든 상황을 겪고 있었습니다. 일자리도 부족하다 보니 곳곳에 구직하러 다니는 실업자들이 거리를 헤맸습니다.

1924년 경성부에서 경성만을 통계 조사한 결과 조선인의 취업률은 26%에 불과했습니다. 즉, 2.6명이 일을 해서 10명을 먹여 살렸다는 의미입니다.

경성 시내에 취업한 조선사람은 전체 인구 20만7,000명 중 26%인 5만4,800여 명이며, 일본인은 전체 7만6,000명 중 취업자 수는 2만9,600명이었습니다. 또한, 기타 경성에 거주한 외국인은 총 4,000여 명이었는데, 이중 취업한 사람은 3,300명이었습니다.

조선사람의 취업률이 26%지만 일본인은 40%에 달했을 정도로 취업에서 조선사람들은 차별을 겪었습니다.

당시 전체 인구 가운데 공업에 종사하는 조선인은 3만6,000명, 일본인은 1만6,000명이었으며, 상업에 종사하는 조선인은 8만4,000명, 일본인은 1만6,000명이었습니다. 관공서에 근무하는 조선인은 4만8,000명, 일본인은 2만7,000명이었습니다. 상대적으로 관공서에 근무하는 일본인의 비율이 높습니다. 조선인들이 주로 담당했던 업무는 소위 3D(Dirty, Difficult, Dangerous) 업종이 많았습니다. 여성은 대부분 무직이었습니다.

참고로 2023년 기준으로 우리나라 15세 이상 취업률은 69.2%입니다.

043

조선의 일본인

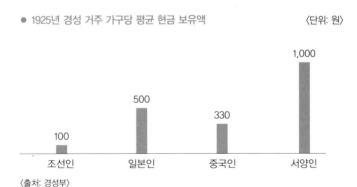

● 1925년 경성 거주 가구당 평균 현금 보유액 〈단위: 원〉

```
조선인: 100
일본인: 500
중국인: 330
서양인: 1,000
```

〈출처: 경성부〉

일본인은 상위 1% 자산가

1920년대 중반은 일본의 본격적인 침탈이 이어지면서 경제적 수탈도 심해지던 시기입니다. 우리 조선 땅에 대거 일본인들이 들어왔는데, 이들은 짧은 기간에 일본 총독부의 지원을 받아 단기간에 많은 재산을 축적할 수 있었습니다.

1924년 경성 인구는 29만여 명. 경성에 있는 토지나 건물, 각종 현금과 가구, 기계설비 등 모든 부동산, 동산을 합친 자산은 4억4,455만96원입니다. 기록에 일본 전체의 자산규모는 총 1,020억 원으로 우리 조선의 전체 자산규모는 일본인보다 1/230 수준에 불과했습니다.

뿐만 아닙니다. 경성 부동산 중 2/3는 일본인 소유였습니다. 경성에는 가옥세부가세(일종의 가옥재산세)가 총 12만4,000원이었는데, 이중 조선인 2만 명이 낸 부가세는 5만3,000원이었으며 4,000여 명의 일본인은 7만 원을 냈습니다. 또한 6만 명의 조선인 자영업자가 낸 세금은 9만 원인데 비해 5만 명의 일본인 자영업자가 낸 세금은 23만 원이었습니다.

경성에 거주하는 조선인의 평균 1호당 자산규모는 350원이지만 일본인은 그 5배가량인 1,700원이었습니다. 특히 보유하고 있는 현금을 보면 일본인은 평균 500원을, 조선인은 100원, 서양인은 1,000원의 현금을 보유했습니다.

경성 시내 제일 부자는 일본인 나카무라 사이코라는 사람인데 그의 재산은 1,000만 원 이상이었습니다.

조선인 제일 부자는 '친일파' 민영휘이며 그의 재산 규모는 당시 왕실 재산과 맞먹었습니다. 일제 강점기 시절 부정부패와 친일의 대가로 모은 재산이 당시 기준 6,000만 원에 달할 정도로 민영휘는 조선 역사상 최악의 인물중에 한사람으로 평가받는 인물입니다.

2023년 기준 가구당 평균 자산이 6억 원이고, 상위 1%가 29억 원 이상입니다. 당시와 단순 비교하자면 일본인은 우리보다 5배 많은 평균 30억 원을 보유한 상위 1% 자산가들인 셈입니다.

나라 잃은 서글픈 민족의 한 단면입니다.

044

비누

● 일제시대때 비누

화왕석감 비누포장지 〈출처: 조선일보, 1925년 1월 8일〉

'독일산 비누' 명품으로 주목받던 시절

통계청에 따르면 우리나라 화장품 시장 규모는 2022년 기준으로 33조 원에 달합니다. 이 중에서 비누 시장 규모는 대략 3,000~4,000억 원 정도로 추정됩니다.

1920년대 일제 강점기 때에도 국내에선 비누 수입이 많아지고 있었습니다.

1922년 한 해에만 화장비누와 빨랫비누가 100만 원 이상 팔렸다는 기록이 있습니다.

일제 강점기 때는 비누를 '석감'이라고 불렀는데, 석감은 잿물과 밀가루에 응고제 역할의 여뀌즙을 섞어 굳힌 것입니다.

당시 화장비누는 주로 외산 제품이 품질이 좋아 수입이 늘었다고 합니다. 특히 독일산 비누 품질이 제일 좋아 많은 인기를 끌었습니다.

가장 인기 있는 화장비누는 독일산 경마표 비누였으며, 다음으로는 영국산 제품과 미국산 제품이 인기가 많았습니다.

일본산 제품으로는 삼륜, 화왕 등의 제품이 인기가 있었습니다.

화장비누가 인기가 많아지면서 당시 경성에서만 화장비누 제조업체가 아홉 군데나 생겼습니다.

1922년 한 해에 화장비누는 183만6,550개, 당시 기준으로 총 24만3,520원의 매출이 발생했습니다. 또한 빨랫비누도 88만 원어치가 팔렸는데 빨랫비누 팔천 관에 가격이 13만 원이었습니다. 이중 경성 시내에만 소비된 빨랫비누는 13만9,000원이었습니다.

045

월수입

● 1948년 한국인 일상생활 현황

구분	내용
평균 한달 생활비	1만5,000~2만2,000원
평균적인 가정 수입	5,000원
부채가 있는 가정	83%
평균 부채액수	4,000원
부채갚지 못해 가옥 저당잡힌 사례	58%
배급물자 판매 부업	73%

〈출처: 서울 모대학연구팀, 1948년 발표〉

한 달 수입 5,000원에 생활비는 1만~2만 원,
적자 살림살이로 고달팠다

1948년 해방이 가져온 자유에도 불구하고 우리 국민의 생활은 참 많이 힘들었습니다. 36년간의 일제 수탈에 시달린 나머지 당시 우리 국민은 빈곤하고도 곤궁한 삶을 살 수밖에 없었습니다. 그 당시 중산층의 삶에 대한 구체적인 데이터를 담은 통계 자료가 있습니다.

1948년에 서울의 모 대학 연구팀이 5인 가족을 둔 봉급생활자 100명을 대상으로 한 주간 생활을 자세히 조사했습니다. 조사에 따르면 세대별 평균 한 달 생활비는 최저 1만4,530원에서 최대 2만2,000원 가량이었습니다.

하지만 정상적인 한 가정의 수입은 평균 5,000원에 불과했습니다. 따라서 지출을 감당할 수 없어 빚을 진 가정이 많았습니다.

조사 대상 100명 중 부채가 있는 가정이 83명이며, 부채는 평균 4,000원이었습니다. 게다가 돈을 갚지 못해 가옥을 저당잡힌 사람도 58명이었습니다.

생활비를 충당하기 위해 당시 배급 물자 판매를 부업으로 하는 경우가 많았습니다.

100명 중 73명이 배급 물자 판매로 부족한 생활비를 마련했습니다. 그리고 연료를 준비한 가정은 61명에 불과했습니다.

당시 이 조사는 그래도 서울에 거주하는 중산층의 생활을 묘사한 것이라 그래도 '살만한 사람들의 통계'였습니다. 그러니 대다수 가정은 상당한 경제적 결핍에 시달리는 빈곤층이었을 것으로 추정됩니다.

046

서울역

● 해방 전후 서울 시내 가장 번잡한 지역

구분	지역	번잡현황
해방 후	남대문 5가	· 시간당 1만5,000여 명 · 하루 7만4,000여 명 · 하루 자동차 1만대 운행
해방 전	충무로 입구	· 하루 4만 9,000여 명 왕복
	남대문5가	· 하루에 자동차 2,700여 대 운행

〈출처: 서울시, 1949년 조사〉

서울역은 예나 지금이나 '북적북적'

요즘은 서울 시내 어느 곳을 가나 사람과 차들이 뒤엉켜 번잡합니다. 인구가 1,000만인 대도시다 보니 불가피한 현상이지만, 때로는 서울의 소음이 삶의 질을 떨어트리는 경우도 많습니다. 그렇다면, 해방 후 서울에서 가장 번잡한 지역은 어디였을까요.

서울시청에서 '어느 곳이 사람과 자동차, 차량이 많이 다니는지'를 일일이 수작업으로 계산한 자료를 발표하였습니다. 1945년 서울 인구는 지금의 1/9 수준인 160만 명이었습니다.

서울시청은 서울.시내 170여 개 장소에 걸쳐 교통량을 조사했습니다.

가장 많이 사람이 다닌 곳은 남대문 5가인 서울역 앞이었습니다. 시간당 1만4,900명, 하루 7만3,700명이 지나다녔다고 합니다.

전차는 한 시간에 148대, 하루에 1,007대가 다녔고, 자동차는 한 시간에 1,070대, 하루에 1만 대가 운행했습니다.

반면 제일 교통량이 적은 곳은 태평로 일가로서 사람은 하루에 2만700명, 자동차 7,258대, 전차는 233대가 왕래했다고 합니다.

해방 전인 1943년에는 제일 사람이 많은 곳이 충무로 입구였습니다. 당시 하루에 4만9,000명의 인파가 몰렸습니다.

자동차가 가장 많이 왕래한 지역은 남대문5가로서 하루에 2,760대, 전차는 하루에 1,700대가 왕래했다고 합니다.

참고로 2022년 기준으로 서울에서 가장 번화한 지역은 강남역과 명동, 홍대 입구 등입니다.

해방 후 서울역앞

047

내 집 마련

● 1949년 vs. 2022년 자가 주택

구분	1949년	2022년
자가비율	40%	42%
평균 주택가격	6만~17만 원	10억~12억 원
월급을 모은다면 몇년 소요	2년	15년

〈출처: 서울시, 1979년 발표, 2022년 주택가격은 아파트 기준, 월급은 당시 기준〉

그때나 지금이나
집 없는 60% 서민은 서럽다

시대가 변하더라도 일관되게 나타나는 통계 수치 중 하나는 바로 '자가 보유 비율'이라 할 수 있습니다.

2023년을 기준으로, 서울에 거주하는 시민들 가운데 자기 집을 소유한 이들은 전체의 42%에 그치고 있습니다. 대다수인 58%가 전세나 월세와 같은 임대 주택에서 생활하고 있다는 얘기 입니다.

1949년 당시 서울 시내 총 가옥 26만5,000세대 중 10만4,800세대만 자가 소유였습니다. 비율로 보면 39.5%입니다. 나머지 16만 세대는 집 없는 서민들입니다.

이것을 세대 비율로 보면 60%, 인구 대비별로 보면 70%가 집 없는 서민이었습니다.

가옥을 구매하는 데 필요한 금액은 6만 원에서 17만 원 사이였으며, 임대 보증금은 대략 5만 원에서 20만 원 수준이었다고 합니다.

당시 사람들의 평균적인 수입은 매달 5,000원 정도였으므로, 만약 누군가가 10만 원대의 주거지를 마련하고자 했다면 이는 2년간의 수입을 전액 한 푼도 안 쓰고 모아야 구매할 수 있습니다.

하지만 지금은 어떨까요? 국토교통부에 따르면 서울 시내에서 주택을 마련하기 위해선 월급을 한 푼도 쓰지 않고 15년을 모아야 가능하다고 합니다.

80년 전보다 지금이 훨씬 더 집 구하기가 어려운 셈입니다. 집 없는 설움은 예나 지금이나 매한가지입니다.

048

수출품

● 1947년 수출 주력 품목 Top 6

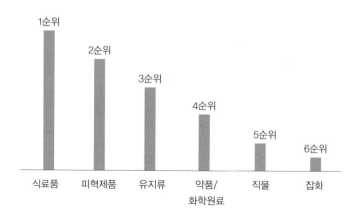

한때 우리의 제1 수출 품목은 식료품이었다

우리나라 경제가 수출에 의존하는 비중은 70%에 육박합니다. 그만큼 해외 수출 비중이 높은 나라이죠. 특히 반도체, 자동차, 철강, 조선 등은 우리나라 수출의 효자 종목들입니다. 그렇다면, 경제적 궁핍이 심했던 해방 이후 수출을 책임졌던 주 종목은 무엇이 있을까요?

수출 통계를 담당하던 중앙경제위원회에 따르면 1947년 우리나라 수출 제1의 품목은 식료품이라고 합니다. 특히 식료품 중에서 대부분 '어류'가 가장 많았습니다. 두 번째 수출 품목은 '피혁제품'이었습니다. 세 번째는 '유지류 제품'으로 조사됐습니다. 네 번째는 '약품 및 화학 원료' 등이었습니다. 다섯 번째는 '직물' 종류였고, 여섯 번째는 '잡화' 종류였습니다. 전체적으로 개발도상국인 우리가 하기에 적합한 품목들이었습니다. 하지만 80여 년이 지난 현재, 우리의 주력 수출 품목은 반도체, 자동차, 조선 등 중후장대 산업이 대부분을 차지하고 있습니다. 상전벽해라 할 수 있습니다. 앞으로 80년 후 우리의 주력 수출 품목은 무엇이 될까요. 아마도 AI 같은 디지털 제품이나 서비스가 되지 않을까 예상해 봅니다.

049

소득과 지출

● 1975년 서울시민 주요 지출내역과 금액

구분	금액
1인당 평균속득	32만3,602원
전화요금	423억8,000만 원
시내버스 요금	654억 원
택시비	646억 원
관광버스, 시외버스	330억 원
삼륜차	93억 원
유료주차장	5억5,000만 원
이발관 이용	62억8,000만 원
사진관	16억6,000만 원
세탁비	19억9,000만 원
극장 수입	168억8,000만 원
술집 및 요식업	1,399억6,000만 원

〈출처: 한국개발연구원, 1977년 발표〉

국민 1인당 평균소득 21만 원 시절,
대체 어디에 얼마나 썼을까

1975년도는 한국의 경제성장이 눈부시던 시기였습니다. 특히 그중에서 서울은 점차 대도시로서의 위상을 하나둘 쌓아갈 때였습니다. 때문에 우리나라에서 서울이 정치, 경제, 사회적으로 차지하는 비중도 절대적인 수준으로 치솟고 있었죠.

1975년 한국개발연구원에서 서울시민의 소득과 지출에 대한 재미있는 통계 자료를 발표한 게 있습니다. 서울시민의 연간 소득은 32만 원으로, 전체 국민 평균 21만2,000원보다 52%나 높은 소득을 올렸습니다. 서울 시내버스들이 승객 요금으로 벌어들인 돈은 대당 2만4,000원, 전체 646억 원을 거둬들였다고 합니다. 당시 시내버스 이용 시민이 연인원 19억 명에 달했다고 하네요.

시내에 차량이 많아지면서 유료 주차장들도 연간 5억5,000만 원의 수입을 올렸습니다. 이발관에 62억8,000만 원, 미장원에 36억6,000만 원 등 머리 손질비에만 100억 원 가까운 지출을 했습니다.

또한 재미있는 통계로는 사진 찍는데 16억6,000만 원, 구두

닦는데 12억 원, 세탁비에 20억 원을 썼습니다. 약값도 많이 들었습니다. 약값으로 387억 원, 푸닥거리와 굿에도 7,700만 원을 지출했습니다.

이밖에 서울 시내 100개 극장에서 벌어들인 돈은 169억 원이며, 복덕방 소개비가 31억 원, 넝마주이 수입도 36억 원이었습니다. 75년 한 해 동안 다방이나 술집에 흘러 들어간 돈은 무려 1,400억 원이었는데, 그중 다방에서 올린 수입만 258억 원이었습니다. 술집에서 접대부 등에게 팁으로 바친 돈만도 122억 원에 달했다고 합니다.

당시 서울 시내 가정부들은 1인당 평균 급여액이 1만1,073 원이며, 가정교사는 월평균 2만1,590원을 받았습니다. 자가 내지 준 자가를 갖춘 서울시민 비율은 54.5%였으며, 나머지는 셋방살이한 것으로 보입니다. 당시 방세가 월 기준 8,000원이었답니다.

050 초고소득자

● 1975년 서울시민 생활수준

등급	기준	가구 비중
특A급	호화주택, 외산 자동차	2,000가구(0.16%)
A급	보일러시설 갖춘 문화주택 보유 전용 자동차 보유	2만8,000가구(2.4%)
B급	자가 주택, 전화, TV, 냉장고 보유	39만 가구(32.5%)
C급	자가 주탁, TV보유	33만 가구(27.5%)
D급	셋방살이	45만 가구(37.5)

〈출처: 서울시〉

호화주택과 외산 자동차를 소유한
특A급 초고소득자 가구는 1,000가구 중 2가구

　1975년 서울시에서 시민을 대상으로 생활 수준을 5단계로 분류했습니다. 중산층이 대략 60%, 서민층은 37.5% 등 97.5%가 중산이나 서민층이고 상류층은 2.5% 수준이라고 조사한 자료를 발표했습니다.

　당시 서울시민 인구는 650만 명이며 전체 인구의 19%가 서울에 거주했습니다. 가구 수는 120만 가구였습니다. 서울시는 서울시민 생활 수준을 크게 △특A급 △A급 △B급 △C급 △D급으로 분류했습니다.

　우선 특A급 기준은 호화주택에 살면서 외산 자동차를 가진 부호로서 권문세가를 의미합니다.

　특A급은 서울 전체 가구의 0.16%인 2,000가구였다고 합니다. A급은 보일러 시설을 갖춘 문화주택에 자가용이든 공용차든 전용 자동차를 갖고 있는 수준을 의미하는데, 대략 서울시민의 2.4%인 2만8,000가구가 여기에 해당합니다.

　중산층이라 할 수 있는 B급 기준은 자가주택에 전화나 TV,

냉장고를 보유한 가구를 말하는데, 39만 가구로 비중은 32.5% 였습니다.

C급은 전화는 없지만, TV를 갖고 있으며, 방 하나 정도는 셋방으로 빌려주고 사는 자가주택 보유층인데, 전체 서울가구의 27.5%인 33만 가구였습니다.

따라서 1975년 당시 자가 소유 가구는 전체의 62% 정도였습니다. 자가를 보유하고 있다면 중산층이라고 할 수 있는 것이죠.

마지막으로 D급은 남의 셋방살이를 하거나 판잣집 등 무주택 층으로서 전체 서울 가구의 37.5%인 45만 가구가 이에 해당합니다.

051

쌀밥

● 1970년 삼양라면 광고

'쌀밥을 배불리 먹고 싶다'
70년대 대학생 최애정 음식

경제개발 5개년 계획이 한창이던 1970년대 초 학생들은 어떤 음식을 가장 먹고 싶어 했을까요.

1970년에 연세대 식생활학과 학생이었던 홍종금 양이 이화여대, 연세대, 숙명여대, 서울대생 남녀 440여 명을 대상으로 '대학생들의 선호 음식'이란 주제로 흥미로운 통계를 냈습니다.

조사 대상 학생 가운데 73%가 '쌀밥을 배불리 먹고 싶다'고 했습니다. 잡곡밥에 대해선 25% 학생이 '전혀 먹고 싶지 않다'고 응답했습니다. 요즘은 잡곡밥이 쌀밥보다 더 귀하게 대접받는 시대입니다.

남녀 대학생 모두가 좋아하는 음식으로는 달걀을 꼽았습니다. 우유와 생선도 무척 좋아하는 음식이었습니다. 김치 역시 모두 좋아하는 음식으로 꼽혔으며, 이외에 라면도 애정 음식으로 꼽혔습니다.

남자 대학생은 육류를 좋아했으며, 여자는 야채를 더 좋아하는 경향을 보였습니다.

국 중에서는 여자 대학생의 경우 94%가 미역국을 좋아했다고 합니다.

식사에 대한 만족도 조사에서는 남녀, 모두 절반 정도가 괜찮다는 반응을 보여, 당시 식습관에 비교적 만족하는 모습을 보였다고 합니다.

요즘 학생들 대상으로 동일한 조사를 하면 햄버거, 마라탕, 피자, 파스타 등 글로벌한 음식들이 포함되지 않을까 생각됩니다.

052

서울대와 상고

〈출처: 셀수스협동조합, 1971년 한국은행〉

금융권 '별'다는 데 걸린 시간은 27년,
52살이며 서울대와 상고 출신

금융기관에서 임원을 다는 것은 예나 지금이나 어려운 일입니다. 능력은 당연하고 운도 따라야 하며, 어느 정도 나이가 있어야 중역 자리에 오를 수 있습니다.

능력주의가 우선시 되는 시대라지만 2023년 기준으로 시중 은행 임원의 평균 나이는 만 57세입니다.

과거에도 금융권에서 임원 달기란 하늘의 별을 따는 것만큼 힘든 일이었습니다.

은행감독원이 1974년에 시중은행 및 신탁은행 임원 54명을 조사했는데, 평균 연령은 52세였으며, 27년간의 은행원 생활을 거친 후 임원이 된 것으로 조사됐습니다.

특히 이들 은행 임원들의 경우 대학 졸업자 이상 학력이 전체의 63%였습니다. 상업계 고교를 졸업하고 은행에 취업하는 경우도 많았습니다.

임원을 출신 학교별로 보면 서울대 상대, 서울대 법대 출신이 가장 많았습니다. 상업고등학교 출신들도 당시 금융권 임원으로 많이 선임됐습니다. 경기상고, 강경상고, 선린상고가 대표적입니다.

현재도 활발히 활동 중입니다. '상고 출신' 금융인으로 윤종규 KB금융지주 회장과 함영주 하나금융지주 부회장이 대표적인 인사입니다.

053

소득 격차

● 1960~70년대가 농가소득 vs. 도시소득

연도	농가소득	도시소득	도시소득 대비 농가소득 비율
1967년	15만 원	24만9,000원	60.2%
1973년	48만1,000원	55만 원	87.5%
1974년	67만5,000원	64만5,000원	104%.7%
2022년	4,615만 원	7,811만 원	59.1%

〈출처: 통계청〉

한때 농부가 봉급쟁이보다 소득이 높았다

통계청에 따르면 2023년 농가소득이 사상 처음으로 5,000만 원을 넘어섰습니다.

2023년 농가소득은 2022년 4,615만 원 대비 10.1% 늘어난 5,082만 원으로 조사됐습니다. 하지만 여전히 농가소득은 도시 근로자 소득에 비해 60~65% 수준에 그치고 있습니다.

농사만으로 도시 근로자의 소득을 얻기란 쉽지 않다는 것입니다. 하지만 과거에는 농가소득이 도시 근로자 소득을 앞지른 때가 있었습니다.

1967년 도시가구당 소득은 24만9,000원이었으며, 농가소득은 15만 원으로 당시에도 농가소득은 도시 소득의 60%에 불과했습니다. 하지만 1973년 도시 가구 소득은 55만 원, 농가소득은 48만1,000원으로 격차가 줄어들더니, 1974년에 드디어 농가 소득(67만5,000원)이 도시 소득(64만5,000원)을 앞질렀습니다.

당시에 농가소득이 높았던 요인으로는 새마을 운동에 따른 증산정책과 정부의 고곡가 정책 등의 요인이 결정적으로 작용했기 때문입니다. 하지만 이후 우리나라 산업구조 자체가 제조업으로 전환되면서 다시 농가소득은 제자리를 걷고 도시 근로자 소득 증가율이 가파르게 상승했습니다. 결국 도농 간 소득 격차는 더욱 벌어졌습니다.

　농업 생산성 향상과 함께 우리가 주목해야 할 것은 스마트 농업 등 농업 경쟁력을 강화해 농업과 어업에 종사하는 인력을 유도할 필요가 있습니다.

　농가소득만으로 충분히 도시 근로자만큼의 소득을 담보할 수 있다는 인식이 확산돼야 우리나라 농업 경쟁력도 강화될 수 있을 것으로 예상됩니다.

054

실업자

● 1949년 국내 노동자 현황

구분	숫자
5인 이상 공장	7,831개
취업자 수	26만6,000여 명
실업자 수	89만5,000여 명
남녀 취업자	남자: 17만8,000여 명, 여자: 4만1,000여 명
노동자 하루 임금	평균 300원
도시 남자 평균 하루 임금	평균 440원
지방 남자 평균 하루 임금	평균 260원

〈출처: 경향신문, 1949년 11월 3일 자〉

노는 사람이 일하는 사람보다 '3배'가 많았다

1949년 해방 후 우리나라는 경기침체기에 빠져있었습니다. 당시 실업자는 취업자의 3배에 달한다고 하니 극심한 경제난을 짐작할 수 있습니다.

경향신문에 따르면 1949년 5인 이상 종업원을 둔 공장은 총 7,831개였습니다. 취업자 수는 총 26만6,000여 명이며 실업자는 취업자의 3배가량인 89만5,000여 명이었습니다. 이것을 각 시도별로 살펴보면 서울과 강원도 취업률이 58%로 가장 높았습니다. 하지만 제주도는 실업자가 7만3,263명, 취업자는 505명으로 조사돼 가장 실업률이 높았습니다.

성별로 살펴보면 남성 취업자는 17만8,511명, 여성 취업자 수는 4만848명이었습니다. 남성 취업자가 여성 취업자보다 3.5배 많았습니다.

한편 노동자의 하루 평균 임금은 300원이었는데, 지역별로는 차이가 있습니다. 도시 남성은 440원, 도시 여성은 209원을 받았으며, 지방 남성은 260원, 지방 여성은 170원을 받았습니다.

055

결혼 비용

● 가정의례준칙에 의한 혼례비용

구분	비용
장소대	7만 원
폐백	1만 원
예물	2만5,000원
의상장식품 비용	75만7,000원
신혼여행	4만 원
가구비품 준비	46만 원
약혼비용	5만3,100원
기타비용	5만 원
총 비용	146만5,100원

〈출처: 저축중앙추진위원회, 1978년 권고안〉

378만 원에서 3억3,000만 원으로
결혼 비용 '수직상승'

   요즘 결혼식 비용은 평균 3억3,000만 원 정도입니다. 이중 신혼집 비용을 제하면 순수하게 결혼식 비용으로만 5,000만 원 정도가 사용됩니다. 결혼식 비용은 매년 꾸준하게 늘고 있습니다.

   예전에도 자식 한 명 결혼하는 데 드는 비용이 만만찮았습니다. 1971년에는 평균 26만 원 정도를 결혼식 비용으로 지출했습니다. 1971년 한해에만 결혼식 비용으로만 410억 원에 달하는 지출이 이루어졌다고 합니다.

   결혼 비용은 매년 높아지면서 1978년도에 저축추진중앙위원회에서 결혼 비용을 조사했더니, 신혼부부 한 쌍의 결혼 비용이 평균 378만 원이라고 발표했습니다. 7년 만에 결혼 비용이 10배 이상 늘어난 꼴입니다.

   당시 저축추진중앙위원회에서 결혼 비용이 과다하다면서 가정의례준칙에 맞춰 결혼 비용을 뽑아봤더니 146만 원이 적당하다는 권고를 내리기도 했습니다.

056

과학 입국

● 과학 경시 풍조(?)

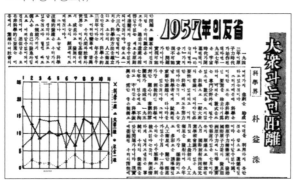

대중과는 먼거리 〈출처: 동아일보, 1957년 12월 26일자〉

과학 경시에 대한 언론사의 반성

　　과학기술에 관한 관심은 예나 지금이나 가장 중요한 사안입니다. 특히 해방과 6.25 전쟁을 거치면서 부존자원이 부족한 우리나라에서는 과학 입국이 중요한 화두였습니다. 당시만해도 인공위성과 원자력 분야가 막 태동하던 시기라 과학기술 발전에 대한 국민의 여망도 컸습니다.

　　하지만 실제 신문 기록을 보면, 겉으로만 과학을 육성한다고 선언적 구호에 그쳤지 실제 사회 분위기는 그렇지 않다는 것을 반성하는 기록이 있습니다.

　　동아일보 1957년 12월 26일 자 기록에 보면, 동아일보 기사 건수(1957년 1월부터~11월)를 문예, 사회, 과학 등 3가지 분야로 구분했을 때 과학기술 기사 게재 건수가 타 분야에 비해 턱없이 부족했다고 자성합니다.

　　가령 사회, 문예에 관한 기사 게재 건수가 전체 기사의 1/3을 차지하는 반면 과학 관련 기사는 전체의 1/7에 불과했다고 합니다. 더욱이 당시 큰 관심사였던 원자력, 오토메이션, 인공위성에 관한 기사는 거의 찾기 어려웠다고 합니다.

057

특허

● 우리나라 특허 1호는 1948년에 특허받은 '황화염료 제조법'

---

(19) 대한민국특허청(KR)
(12) 특허공보(B1)

(51) Int. Cl.⁵		
C09B 67/28		

	(45) 공고일자	1948년06월20일
	(11) 공고번호	10-1948-0000005

(21) 출원번호　　　　10-1947-0000368
(22) 출원일자　　　　1947년02월14일

(71) 출원인　　　　　중앙공업연구소
　　　　　　　　　　서울 종로구 동숭동 199

(72) 발명자　　　　　이범순
　　　　　　　　　　서울 종로구 동숭동 199

　　　　　　　　　　김천구
　　　　　　　　　　서울 종로구 동숭동 199

---

(54) 유화염료제조법

유화염료제조법 명세서 (출처 : 특허정보넷 키프리스)

〈출원: 중앙공업연구소〉

초창기 특허 등록은 '기계와 화학 분야'가 다수

해방 이후 우리나라는 과학계는 새로운 중책을 맡게 됩니다. 신생 해방 조선이 홀로 우뚝 서기 위해서는 무엇보다 과학 입국이 중요했을 것입니다.

1947년 특허국(현 특허청)에 특허를 출원한 건수는 총 340건에 달했습니다. 특허 출원 경향을 보면 기계 방면이 가장 많았고, 다음으로 화학, 전기, 미장 순으로 집계됐습니다. 특히 출원자 중에서는 이북에서 월남한 사람들의 출원 건수가 가장 많았다는 이색 통계도 있습니다. 1957년에는 특허 건수는 총 5,695건으로 크게 늘어납니다. 10년 만에 10배 이상 늘어난 수치입니다. 2019년에는 연간 특허 출원량이 역대 최초로 50만 건을 돌파하기도 했습니다. 초창기에 특허와 관련된 재밌는 기록이 있는데, 1927년에 인천에 있는 제화공장 주인이 제화용 특수아교를 발명해 특허를 출원했습니다. 이 아교를 사용하면 가죽도 상하지 않고 구두는 더 견고해져 경제적이면서 제조 능률도 높일 수 있었습니다. 하지만 당시 모 제화회사에서 이 기술을 3만 원에 인수하겠다는 제안을 했는데 10만 원은 줘야 한다고 거절했다는 일화도 있습니다.

3

문화와 예술,
대학생

058

연애관

● 1955년 대학생 연애관

구분	응답자(n=172명)	응답비율
성해방은 가능	16명	9%
성해방은 불가능	30명	19%
연애를 해야한다	56명	33%
연애는 필요하지 않다	20명	12%
연애는 결혼을 전제로 해야	74명	43%
연애와 결혼은 분리해야	44명	26%
조혼이 좋다	20명	12%
만혼이 좋다	32명	19%
결혼을 하지 않겠다	16명	9%
결혼한다면 연애 결혼	38명	22%
결혼한다면 교제 결혼	58명	34%
결혼한다면 부모의견에 따라	44명	26%

〈출처: 경향신문, 1955년 남녀 대학생 172명 대상 조사〉

'연애냐, 중매냐' 그래도 중매 결혼이 낫다?

시대에 따라 패션에서부터 가치관, 문화적 소양 등 다양한 영역에서 트렌드는 다르게 표출됩니다. 젊은이들의 연애관 역시 마찬가지입니다.

지금에서 보는 70년 전 대학생들의 연애관은 많은 차이를 느끼게 합니다. 전쟁 직후인데다, 엄격한 유교문화가 당시에는 중요한 가치관이었습니다. 결혼관이나 연애관도 보수적인 견해가 뚜렷합니다.

1955년에 경향신문이 남녀 대학생들을 대상으로 연애관에 관한 재미있는 통계를 발표한 바 있습니다. 연애관은 예나 지금이나 젊은이들에게는 가장 큰 관심 사항 중 하나입니다.

조사 대상은 남학생 47명 여학생 125명 등 총 172명을 대상으로 했습니다. 연애 문제에 관한 질문에 가장 많은 74명(43%)은 '연애는 결혼을 전제로 해야 한다'라는 입장이었습니다.

'연애와 결혼은 분리돼야 한다'라는 응답자는 44명(26%)으로 나타났습니다. 연애와 결혼 대상은 같아야 한다는 유교적 인식이 만연하던 시대라는 특징이 보입니다.

심지어 '연애를 해야 한다'라는 학생은 56명(33%)인데 비해 '연애는 필요하지 않다'라는 응답도 20명(12%)에 달했습니다.

또한 결혼 문제에 대해 '조혼이 좋다'라는 응답은 20명(12%), '만혼이 좋다'는 응답은 32명(19%), '결혼을 않겠다'라는 응답도 16명(9%)이었습니다. 결혼을 하게 되면 연애 결혼이 좋은지, 교제 결혼(결혼을 전제로 한 교제)이 좋은지를 물어봤는데, '교제 결혼이 좋다'는 응답이 58명(34%)으로 가장 많았습니다. '부모 의사를 따르겠다'라는 응답은 44명(26%), '연애 결혼'은 38명(22%)으로 조사됐습니다.

응답률을 보면 교제 결혼이나 부모 의사를 따르겠다는 '중매 결혼'이 60%를 차지합니다.

당시 풍습상 연애 결혼보다는 중매나 결혼을 전제로 한 교제를 선호했음을 알 수 있습니다.

059

처첩제

● 1930년대 도시 지식인 삶을 다룬 『레디메이드인생』(채만식, 1934년 작품)

일부다처제 가정이 14만으로 추산됐다

　일부다처제는 불법입니다. 조선시대 태종이 중혼을 금하는 법을 시행하면서 일부일처제는 오늘날까지 이어져 오고 있습니다. 하지만 조선 초기만 하더라도 일부 양반가문들 사이에 일부다처제가 많았습니다. 엄밀히 말하면 처첩제라는 표현이 맞습니다. 지역에 따라 중혼은 암암리에 행해지기도 했습니다.

　기록에 보면 일제 강점기 때 도시 지식인들 사이에 부인을 2명 두는 경우가 많았습니다. 부모가 정해준 아내는 고향에 두고 도시에서 새로운 신여성을 만나 결혼하는 사례들이죠. 여전히 몇몇 나라에서 일부다처제가 횡행하고 있지만 지금은 일부다처제는 구습으로 분류돼 대부분 국가에서 폐기됐습니다.

　하지만 1937년 일제시대에도 일부다처제의 흔적이 남아있습니다. 당시 전국적인 조사를 실시했는데, 결혼한 남자의 수는 316만 명, 결혼한 여자의 수는 330만 명이었다고 합니다. 결혼한 남성과 여성의 숫자의 차이가 14만 명입니다. 이말인즉 슨 일부다처제 사례가 전국적으로 14만 건에 달했을 것이란 분석입니다. 100% 신뢰할만한 통계는 아니지만 나름 그럴 듯한 해석입니다.

060

조혼

● 1936년 평양 조혼 통계

남녀 나이	혼인 건수	비중
남: 17~25미만 여: 15~20 미만	160쌍	48%
20~25미만	106쌍	32%
25~30미만	30쌍	9%
남: 17미만 여: 15미만	11쌍	3%
기타	25쌍	8%
전체	332쌍	100%

〈출처: 평양부, 1936년〉

공녀 차출 피해 생긴 조혼 풍속, 어지러운 세태 반영

혼인 적령기가 되지 않은 어린아이가 일찍 혼인하던 풍속을 조혼(早婚)이라고 합니다. 조혼 풍속이 생긴 이유는 고려 시대 때 원나라가 공녀를 차출했는데, 이를 피하기 위해 일찍 결혼시킨 데서 비롯됐습니다. 19세기 말에 당시 조혼 풍속은 반근대적인 문화의 산실이란 비판을 받았고, 결국 1894년 갑오개혁 때 조혼 풍속은 공식적으로 폐지됩니다. 이후로 남자는 20세, 여자는 16세가 되어야 혼인하는 것을 허락하도록 법이 제정됐습니다.

하지만 20세기 초만 하더라도 우리나라에서 조혼은 쉽게 없어지지 않았습니다. 1937년 당시 평양시 당국에서 조혼 실태를 조사한 통계 자료가 발표된 바 있습니다. 1936년 평양지역 내 혼인한 건수는 총 332쌍이었습니다. 남자는 17세 이상 25세 미만, 여자는 15세 이상 20세 미만이 160쌍으로 총혼인의 절반을 차지했습니다. 부부가 만 20세 이상 25세 미만이 106쌍이었으며, 15세 이상 30세 미만은 30쌍이었습니다. 하지만 남자가 17세 미만이고 여자가 15세 미만인 조혼의 경우도 11쌍으로 전체 혼인 건수의 3% 비중이었습니다.

061

대학생 취미

● 1960년대 대학생 취미 생활

구분	비고
한달용돈	1,500~2,000원
용돈 주 사용처	빈대떡 안주에 소주로 달래기, 동시상영관에서 영화보기
주로 보는 영화	코미디물이나 전쟁영화
즐겨듣는 음악	가요보다 팝송
즐겨 추던 댄스	트위스트
즐겨 읽던 독서류	에세이집

〈출처: 동아일보 1965년에 게재됐던 당시 대학생들의 취미생활〉

대학생 용돈 쓰임새 1순위는
'빈대떡에 탁주 한 잔'

경제개발 계획이 본격화되던 1960년대 당시에도 우리나라는 가난한 나라였습니다. 빈궁한 삶이 사회 요소요소에 남겨져 있었습니다. 당시 대학생들의 생활 역시 빈약한 용돈으로 생활하는 궁색한 처지였습니다. 때문에 곤궁한 생활속에 자그마한 낭만을 추구하는 소박한 삶이었습니다.

1963년 3월 4일자 동아일보 기사에 따르면 1960년대 당시 대학생들의 용돈은 월평균 1,500원에서 2,000원 남짓했습니다. 남자대학생의 경우 용돈 중 상당 부분을 술 마시는 데 썼다고 합니다. 술이래야 고작 빈대떡 몇 조각을 안주 삼아 탁주 몇 잔으로 만족하는 수준이었습니다. 학업이나 진로 스트레스를 음주로 달랬다고 합니다.

음주에 이어 두 번째는 영화 감상이었는데 주로 시내에 위치한 개봉관보다는 외곽지역에 많은 동시상영관을 찾았습니다. 영화 감상은 여학생들에게 특히 즐겨하던 취미였습니다. 당시 여대생들은 주당 2~3회 영화를 관람하면서 스트레스를 해소했습니다.

그런데 재미있는 것은 당시 여대생들이 즐겨보던 영화는 어설픈 로맨스물보다는 스릴러물이나 밀러터리류의 영화를 즐겨보았다고 합니다. 즐겨듣던 음악은 가요보다는 팝송을 즐겨들었습니다. 오락장도 많이 출입했는데, 당대 최고의 춤이었던 트위스트를 못 추는 학생이 별로 없었다고 합니다.

한편 대학생들은 별로 책을 안 읽는 편이라 어른들의 우려를 낳기도 했습니다. 특히 고전에 무관심했다고 합니다. 그리고 난해한 철학책보다는 가벼운 수필집이 인기가 많았습니다. 예나 지금이나 어른들의 우려는 한결같다고 할 수 있습니다.

062

아르바이트

〈출처: 경향신문, 1970년대 음악다방 DJ의 한 달 수입은 3000~4000원 수준〉

대학생 꿀알바 1순위는 '숙식 제공 가정교사'

예나 지금이나 빠듯한 생활비로 대학 생활을 영위하는 대학생들의 모습은 변함이 없습니다.

등록금은 비싸고, 하숙비도 치솟고, 식비도 오르는 가운데 어떡해서든 생활비를 아껴 쓰려는 모습은 부모 세대나 지금이나 매한가지입니다.

1971년도 통계를 보면 대학생 아르바이트 1순위는 가정교사, 2순위는 사무원, 3순위는 조사원, 4순위는 타자 입력 및 번역, 5순위는 미술, 피아노 등 예능 실기, 6순위는 원고 정리 등이었습니다. 이밖에 유흥가 삐끼나 식당 웨이터 등 부업 전선에 뛰어든 학생도 많았습니다.

아르바이트를 벌어들인 월수입은 입주식 가정교사가 제일 많았습니다. 가정교사는 숙식이 제공된 가운데 월평균 1만~2만5,000원 정도의 수입을 올렸습니다. 웬만한 직장인 월급 수준이었습니다.

하지만 대부분 아르바이트 자리는 수입이 빠듯했습니다. 원고 정리는 시간당 80~100원 꼴, 조사원은 앙케이트 한 장에 100원 수준이었으며, 타자도 한 장에 70~80원이었습니다.

디스크자키(DJ)도 월평균 3,000~4,000원이었습니다. 하지만 당시 국립대 등록금이 2만5000원, 사립대 등록금이 8만 원이었으니 아르바이트만으로 등록금을 해결하기에는 한참 부족했습니다. 더욱이 하숙비도 독방이 1만5,000원에서 2만5,000원 선이니 웬만한 아르바이트로는 하숙비도 감당하기 힘들었습니다.

요즘도 지방에서 서울로 유학 온 학생들은 빠듯한 생활비에 힘들어 합니다. 고달픈 서울 생활은 시대가 변해도 변함이 없는 것 같습니다.

063

하숙비

● 1960년대 후반 서울시내 대학가 하숙비

지역	월 하숙비
서울대 인근 명륜동	8,000원
고려대 주변	7,500원
신촌 일대	1만5,000원

쌀 20가마 팔아 유학비로 쓰던 그때 그 시절

예나 지금이나 서울에 거주하는 대학생들은 하숙비나 방값, 각종 생활물가에 시달리곤 합니다. 현재도 서울 시내 대학생들이 주로 거주하는 원룸 가격이 매년 치솟아 대학생들의 시름을 더하곤 했습니다.

지금으로부터 55년 전 대학을 다녔던 학생들도 고물가에 시름 하기는 매한가지입니다. 당시에는 과외 이외에 마땅한 아르바이트 자리도 흔하지 않던 시절이었습니다.

1969년에 특히 심했는데, 입시개혁으로 과외 아르바이트가 줄어 대학생들이 울상을 지었다고 합니다. 당시 서울대학교 직업소개소에 가정교사 직을 원하는 학생들이 매일 30명이 수소문했지만 정작 구인을 원하는 학부모는 3, 4명 정도에 불과했습니다. 학기 초에 하루평균 150여 명의 아르바이트생으로 붐비던 신문사 광고부에도 20여 명으로 줄어들어 알바 구직난을 실감케 했습니다.

당시 고려대 의예과에 입학한 한 학생은 시골집에서 쌀 20가마를 팔아 서울로 왔는데, 등록금 5만7,850원, 하숙비 1만

5,000원, 교재비, 잡비와 교통비 조로 1만9,000원을 쓰면 남는 게 7,000원에 불과했습니다.

기록에는 대학가 주변의 하숙비도 껑충 뛰어올랐는데, 서울대 인근 명륜동의 경우 하숙비가 지난 학기보다 1,000원 오른 8,000원. 고려대 주변 제기동 일대는 7,500원, 신촌 일대는 독방일 경우 1만5,000원이었습니다.

불과 4년 전에 하숙비가 4,500원이었다는 점을 비교하면 4년 새 하숙비가 3배가량 치솟아 대학생들의 어려움을 더 가중시켰습니다.

064

교육비

〈출처: 서울기록원, 1969년 서울대 농과대 졸업식〉

학사모 쓰기까지 들인 양육비
95만 원에 3억 원까지

아이가 태어나서 대학까지 드는 교육 비용은 만만치 않습니다. 지금도 그렇지만 예전에도 자식들 대학에 보내기까지 드는 비용 때문에 부모님들의 희생은 눈물겨웠습니다.

1969년 중앙교육연구소라는 기관에서 교육비 실태조사를 발표했는데, 초등학교 1학년에서 대학교 졸업 때까지 16년간 들어간 교육비는 공교육비, 사교육비 포함해서 95만7,040원이었다고 합니다. 가구당 월평균 소득이 2만 원이 채 안 되던 시기였습니다.

당시 학부모의 교육비 부담은 국가나 공공단체의 2배 이상이었고, 총교육비가 국민총생산에서 차지하는 비중도 9.73%로 선진국보다 더 많았습니다. 특히 국가나 공공단체 부담의 교육비와 입학금, 수업료, 기성회비, 실험실습비 등 공납금으로 부담한 공교육비는 1968년 한 해 동안 783억 원이며 이중 학부모의 부담 액수는 38%인 209억 원에 달했습니다.

참고로 2023년 기준으로 학생 한 명의 교육비는 대략 3억 원이 필요한 것으로 조사됐습니다.

065

출세

〈출처: 서울기록원, 1965년 서울시청 방문한 수도여자사범대생〉

외국인 시각에 비친 한국 대학생 '출세 지향적'

6·25전쟁 후 척박한 땅에서 당시 젊은이들은 어떤 생각하고 살았을까요. 미루어 짐작건대, 출세만이 살길이라는 생각을 갖지 않았을까 생각이 듭니다. 베이비부머 세대라는 특성상 경쟁도 치열했고, 무엇보다 자신의 성공이 곧 집안을 일으켜 세우는 유일한 길이라는 인식을 갖고 있을 때입니다.

이와 관련해 당시 재미있는 통계가 있습니다. 외국인 눈에 비친 당시 대한민국 젊은이들의 모습입니다. 외국인의 시선이 반드시 옳다고는 할 수 없지만 그렇게 볼 수도 있구나라는 생각도 듭니다.

1969년 연세대 한국어학당 설립 10주년 기념으로 데이비드 목사가 당시 한국 대학생들의 사고방식과 가치관을 조사한 내용입니다.

그의 눈에 당시 한국 대학생들은 열심히 공부해 대학에 들어왔지만, 여러 여건상 사회적인 올바른 가치관에 둔감해지고, 출세주의와 현실주의에 매몰됐다고 안타깝게 여겼습니다.

조사 대상 학생 가운데 무려 93%가 2학년 때부터 현실주의,

출세주의에 빠지고 장래 현실적인 생활에 대한 걱정을 달고 살았다고 합니다.

더욱이 바람직한 민주주의가 이루어지지 않는 이유로 아무리 데모도 하고 저항도 해보지만 보이지 않는 압력으로 좌절하는 경향이 많았기 때문이라고 지적합니다.

당시 외국인의 시각에서 한국 대학생들의 어두운 면만을 부각한 편향된 시각도 존재합니다. 하지만 1960년대 한국 젊은이의 '고민의 일단'을 보여주는 것이기도 합니다.

그렇다면, 60년이 지난 현재는 얼마나 달라졌을까요.

066

전학생

재동초등학교 전경 〈출처: 한국민족문화대백과사전〉

일류병의 폐단, 전체 학생의 53%가 전학생으로 가득

고위공직자 인사 검증 과정에서 빠짐없이 등장하는 사례가 있습니다. 바로 좋은 학교를 보내기 위해 자녀를 위장 전입한 사례입니다.

맹모삼천지교(孟母三遷之敎)라고 좋은 환경에서 자녀를 공부시키려는 부모의 욕심을 무작정 비난할 수는 없습니다. 하지만 교육 평등의 기회를 엄격하게 지켜야 할 지도층에서 무력화시키는 것에 많은 국민이 언짢은 시선을 보내는 것은 사실입니다.

일류학교를 진학하기 위해 이처럼 무리수를 쓴 사례는 과거에도 심심찮게 있었습니다. 좋은 교육 환경에서 공부해야 성공할 수 있다는 공식이 마치 상식처럼 받아들여지곤 했습니다.

하지만 폐해는 막심했습니다. 1965년에 자식을 특정 학교에 보내기 위해 제도를 위반한 게 걸려 청와대 비서관이 사표를 써야만 했고, 교장도 2명이나 사퇴하는 사태가 벌어져 큰 사회문제가 됐습니다.

그 실태에 대한 통계 자료가 있습니다. 당시 학구제(특정 구역 내 주소지로 등록돼야 특정 학교에 입학)라는 제도 때문에 일류중학교에 입학시키기 위해서는 국민학교(초등학교)때 작업(?)이 이루어졌습니다. 초등학교는 등급에 따라 공공연하게 특A급부터 E급까지 6등급으로 분류됐다고 합니다.

1964년도에 학기 도중 학구제를 위반하고 전학한 어린이가 많았는데, 서울시에 있는 한 학교인 경우 그 수가 1,544명이었습니다.

심지어 A급으로 분류된 모 초등학교의 경우 전교생 1만여 명 중 절반이 넘는 53% 학생이 학구제를 위반한 학생이었다고 합니다. 이 문제가 사회문제로 커지면서 일류병을 개선해야 한다는 반성 여론이 크게 일어났습니다.

그 후로 60여 년이 흐른 지금, 과연 일류병은 개선됐는지. 여전히 의구심이 드는게 현실입니다.

067

취업

● 1964년 대학생들 가운데 10명 중 4명만 취업, 1965년 당시 채용공고

職員採用公告

一、採用職種 資格 銓衡方法

採用職種	資格	銓衡方法
①原價計算 企劃業務	滿三十五歲未滿의男子 商科大學卒業者로 三年以上 實務의經驗者	
②國際通譯및 英文作成	滿三十二歲未滿의男子 英語大學卒業者로 海外留學者를 歡迎함 英語에能하고 男子 歡迎함	
③一般應募	滿二十五歲以上 三十五歲未滿의男子	
④月刊誌 編輯業務	滿二十五歲未滿의男子 月刊誌編輯의業務에 二年以	
⑤一般應募 編輯業務	滿二十五歲以上 高等學校卒業者 二年以上 實務에有經驗者	

二、提出書類
　①日字履歷書 ②戶籍謄本 ③最終學校卒業證明書 ④身元證明書(免除者)

三、提出期限 五月十三日까지 各一通式

四、및 場所 上午身寫員 서울中央郵遞局 私書函 八三四號에

五、其他
　①本寫員 志願者는 現職員에 限하여 個別通知함
　②採用銓衡合格者에 限하여 個別通知함
　③應募語句는 志願部門을 明記할것
　④採用人員은 各部門別로 若干名임
　⑤其他行調할것은 (八一九八・九八五三으로) 問議할것

當機關은 國際機構에 加入한 規模가큰 權威있는 機關임

취업률 최고였던 축산학과 경쟁률은 '18대1'

대학교를 졸업하고도 취업하기가 쉽지 않은 시절입니다. 많은 대학생이 졸업 후 취업난에 허덕이지만, 곤궁의 시대를 살았던 1960년대에도 취업은 만만찮은 현실이었습니다.

1965년에만 하더라도 대학 졸업생 가운데 10명 중 4명만 취업했습니다. 공채로 대학 졸업생을 채용한 경우는 1,000명 안팎에 불과했습니다. 따라서 대학 졸업생들이 일자리를 얻기 위해선 30대 1의 경쟁률을 뚫어야 했습니다. 일부에서는 대학교를 '고등유민 양성기관'이라고 꼬집기도 했습니다.

실제 조사에 따르면 1964년 대학 졸업생 2만8,595명 가운데 취업자는 39%인 1만1,085명이었습니다. 그나마 취업에 유리한 학과는 농림학계, 체육계, 공학계, 의약학계, 사회과학계, 사범계였습니다. 특히 축산학과 경쟁률이 18대 1로 경쟁이 제일 치열했습니다. 농림학계가 졸업 후 취업에 유리했기 때문입니다. 제조나 건설업종 등의 취업자 수는 타 업종에 비해 미미했는데, 당시 우리나라 산업구조가 1차 산업 중심으로 구성돼 제조업 기반이 미약했던 시기임을 알 수 있습니다.

068

대학 입시

● 1964년 SKY 인기학과 Top 10

순위	서울대		고려대		연세대	
	문과	이과	문과	이과	문과	이과
1	경제학과	약학과	경영학과	화학공학과	경영학과	의예과
2	외국어교육과	기계공학과	법학과	농화학과	상학과	화학공학과
3	경영학과	화학공학과	경제학과	건축공학과	정치외교학과	의생활과
4	법학과	전자공학과	상학과	축산학과	경제학과	식생활과
5	외교학과	전기공학과	통계학과	원예학과	법학과	주생활과
6	무역학과	금속공학과	영문학과	농학과	국문학과	기계공학과
7	상학과	조선항공과	정치외교학과	임학과	영문학과	전기공학과
8	행정과	응용화학과	행정학과	토목공학과	사학과	건축공학과
9	정치학과	응용물리학과	농업경영학과	화학과	철학과	토목공학과
10	영어영문학과	광산학과	사회학과	생물학과	교육과	화학과

〈출처: 진학사〉

60년 전 SKY 인기 학과는 지금과 달랐다

대한민국을 대표하는 최고의 명문대인 서울대. 서울대를 통해 바라본 60년 전 인기 학과는 어떤 학과였을까요. 요즘에야 의대 열풍으로 의대 선호도가 압도적이지만 당시만 해도 인기 학과는 비교적 골고루 분포돼 있었답니다.

진학/입시업체인 진학사가 1964년 서울대 인문계, 자연계 인기 학과 Top 10 자료를 보면 요즘과 비교해 격세지감을 느낄 수 있습니다.

1964년 서울대 인문계 최고 인기 학과는 경제학과, 외국어교육과, 경영학과 순이었습니다. 다음으로 법학과, 외교학과, 무역학과, 상학과, 행정과, 정치학과, 영어영문학과 순으로 조사됐습니다.

이과 쪽으로는 1위가 약학과, 2위는 기계공학과, 3위는 화학공학과, 4위 전자공학과, 5위는 전기공학과였습니다. 이외 10위권 내로 금속, 조선, 응용화학, 응용물리, 광산학과 순이였습니다. 당시 의대는 중위권 공대 수준으로 인기가 그다지 높지 않았습니다.

고려대의 경우 인문계로는 1964년도에 경영, 법, 경제, 상학, 통계, 영문학과가 인기 학과였으며, 연세대는 경영, 상학, 정치외교, 경제, 법학 순으로 조사됐습니다. 이과로는 고려대의 경우 화학, 농화학, 건축, 축산, 원예, 농학, 임학 등 주로 화학과와 농학 계열의 인기가 높았습니다.

　　연세대는 의예, 화공, 의생활, 식생활, 주생활 순으로 인기 학과가 결정됐습니다. 지금과 비교해 많은 차이가 있습니다.

서울대 연건동캠퍼스 〈출처: 서울대학교 기록관〉

069

여대생과 미신

● 이지함 선생의 토정비결

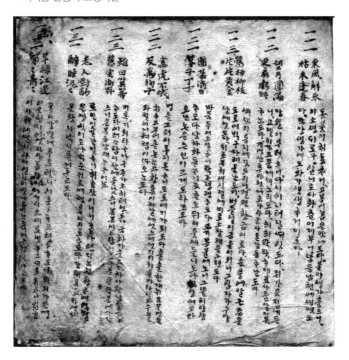

'관상' '이름' '손금' 60년 전 여대생들이 선호했던 미신

1968년에 이화여대 교육학과 학생들이 '여대생과 미신'에 대한 재미있는 조사를 실시했습니다. 당시 서울 시내 7개 여자 대학생 380명을 대상으로 미신에 관한 여학생들의 인식에 대한 조사를 실시했습니다. 제목은 '아가씨들이 믿는 미신'이랍니다. 표본 대상 380명의 여학생 중 기독교 계통과 비기독교 계통 학생들을 딱 절반씩 나누어 조사했습니다.

조사 결과를 보면, 토정비결에 대해 '보게 되면 본다'라는 뜨뜻미지근한 반응을 보인 학생은 65%였습니다.

'전혀 안 본다'라는 응답도 35%, '매년 본다'라는 적극적인 토정비결 지지층은 7%에 불과했습니다.

'점을 보러 간다'라는 학생도 25%였습니다. 재미있는 것은 거의 믿지 않으면서도 좋은 점괘가 나오면 '어쩐지 좋아서 찾아간다'라는 응답도 38.5%였습니다.

선호하는 점의 종류로는 '관상'을 가장 선호했고 다음으로 '이름', '손금' 순이었습니다. 하지만 절반에 해당하는 47%는 부적을 착용하는 것은 '완강히 반대'했다고 합니다.

미신 중에서 당시 여대생들이 고개를 절레절레할 정도로 싫어했던 것은 '무당의 푸닥거리'였다고 합니다.

결혼상대자와 궁합이나 택일에서도 54%가 궁합을 보며, 33%는 '이왕이면 궁합이 맞아야 한다'라는 입장이었습니다.

070

일본 유학

● 1923년 종로관내 유학생 통계

국가	유학생 수	1인당 비용	연간 총학비
일본	238명	432원	10만3,000원
중국/미국/독일	32명	753원	2만4,000원
총계	270명		12만7,000원

〈출처: 종로구, 1923년 발표〉

일제 강점기는 일본 유학 전성시대,
연간 유학 비용만 1인당 432원

100년 전이나 지금이나 해외로 유학해서 선진문물을 배우겠다는 열의는 변함이 없습니다.

1923년 종로 관내에 있는 유학생 통계를 보면, 미국, 중국, 미국, 독일 등에 유학했던 학생 수는 270명, 이들이 연간 내는 학비는 12만7,055원이었습니다. 대부분 일본 유학생들이었습니다. 일본에 유학하던 학생 수는 238명이며, 이들의 연간 학비는 10만2,955원이었습니다. 또한, 중국, 미국, 독일에 유학한 학생 수는 32명인데, 이들 유학생이 낸 연간 학비는 2만4,100원입니다. 1인당 비교해 보면 일본 유학생의 1인당 연간 학비는 432원이고, 유럽 쪽 유학생의 학비는 753원입니다.

학비를 내 준 기록도 있는데, 중국이나 독일, 미국에 유학하는 학생 가운데 고학하는 학생이 3명이고, 하리스 박사라는 분이 학비를 대준 학생이 2명, 감리교선교협회에서 학비를 대주는 학생이 1명, 기타 외국 사람이 학비를 대서 유학하는 학생 2명이었습니다. 나머지 25명은 자비로 유학 생활을 했습니다. 참고로 1920년대 미국으로 유학한 조선인 학생 수는 약 350~400명 정도로 추산된다고 합니다.

1926년 기록에 보면 당시 동경에 유학 간 재일한국인 유학생 수는 1만3,000여 명 정도였습니다. 이중 정식 학교에 유학 간 학생 수는 2,021명이며, 나머지 1만1,000여 명은 고학이나 또는 야학, 강습소에 다니는 경우였습니다. 정식 유학생 2,021명 중 여학생은 겨우 84명이며, 나머지 1,900명은 남학생이었습니다.

유학생들의 전공을 조사했더니 문과별로 보면 영어과가 제일 많았고, 다음은 법학과, 사회학과 순으로 조사됐습니다. 이 외 경제학, 문학, 물리학과 순으로 나타났습니다.

071

미국 유학

● 1960년대 한국 유학생들은 뉴욕대학을 가장 많이 다녔다

〈출처: 1960년대 뉴욕대 기숙사〉

신문물 배우러 미국으로 떠난 유학생, 뉴욕대가 최고 인기 대학

1960년대 국내 많은 젊은이가 해외 유학을 떠났습니다. 해외 선진문물을 배워 한국의 경제 발전에 나름 이바지하겠다는 포부도 컸습니다. 당시 해외 유학을 떠난 국가로 미국이 가장 많았습니다.

1969년도에 미국 국제교육학원 조사에 따르면 1968년에서 1969년까지 미국에 유학한 해외 학생 수는 총 12만1,300명이었습니다. 이중 한국 유학생은 총 3,765명인데, 남학생 2,966명, 여학생 739명으로 단연 남학생이 많았습니다.

국가별로는 캐나다, 인도, 중국, 홍콩, 쿠바, 이란, 일본에 이어 8번째로 많았답니다. 미 국제교육학원에서 조사한 재미 한국 유학생 실태조사 내용을 살펴보면, 학비는 장학금을 받거나 자비로 유학간 경우 반반으로 조사됐습니다.

학위 과정으로 보면 박사가 711명, 석사 과정이 1,265명이었습니다. 전공 과목별로 보면 경제학, 화학, 전기공학 전공자들이 가장 많았습니다.

한편 당시 한국 유학생을 포함해 해외 유학생들이 가장 많이 다닌 학교로는 뉴욕대학이 3,293명으로 가장 많았으며, 마이애미주립대, 버클리대, 컬럼비아대 순으로 조사됐습니다.

072
자연계 인문계

● 1950년대 주요 국가들의 인문계와 자연계 학교 비율

국가	네덜란드	스위스	영국	독일	한국	캐나다	일본
자연계	61%	57%	56%	51%	45%	44%	25%
인문계	37%	43%	44%	49%	55%	55%	70%
불명	3%					1%	5%

〈출처: 중앙교육연구소, 1958년 발표〉

자연계 대 인문계 비율로 평가한
부강성쇠(富強盛衰) 지표

전쟁 직후 우리나라는 경제적 빈곤을 타개하기 위해 과학기술에 전력해야 한다는 각계의 여론이 높았습니다. 부강성쇠(富強盛衰)한 국가를 만들기 위해서는 그 근본이 과학기술 교육에 달려 있다는 공감대가 많았습니다. 하지만 우리나라 교육은 해방 직후에 과학기술 분야보다는 주로 인문 계통 중심의 교육이 주를 이루었습니다. 실업계나 과학기술 분야보다는 인문계 중심의 교육 풍토가 뿌리 깊게 자리 잡으면서 과학교육의 현실을 개탄하는 목소리도 높았습니다.

당시 우리나라와 선진 주요 국가들의 학교를 중심으로 인문계 및 자연계 비율을 조사한 내용이 발표된 바 있습니다. 중앙교육연구소는 우리나라를 포함해 22개 주요 국가들의 인문계와 자연계 학습 비율을 조사한 결과 대체로 자연계 비율이 높은 것으로 조사됐다고 합니다. 네덜란드는 자연계 비율이 61%, 스위스 57%, 멕시코 57%, 영국 56% 순으로 조사된 반면 한국은 자연계 비율이 45%였으며, 55%는 인문계열이었습니다.

073

영화 관객

● 1937년 영화 및 연극 관람객 및 수입

영화	542만 명	127만4,000원
연극 및 기타	118만 명	40만5,000원
전체	660만 명	167만9,000원

〈출처: 1937년 경성 및 경기도 대상〉

영화 관객 수 1937년 542만 명에서
80년 만에 2억 명 넘어서다

20세기 문명 가운데 활동사진이라 불렸던 영화는 가장 널리 대중의 마음을 매료시킨 신문물로 주목받았습니다.

1930년대 일제 치하에서도 조선인들은 영화나 연극감상 같은 문화 활동을 했습니다. 그중에서도 영화 관람은 단연 최고의 신문물이었습니다. 영화제작도 한참 붐을 이루던 시기였습니다.

통계에 따르면 1937년 경성(서울)과 경기도 내 영화나 연극 등이 상영된 날이 일수로 따지면 전체 극장을 통틀어 9,214일이었습니다.

입장객은 총 660만725명이었으며, 입장료 수입은 167만8,590원이었습니다. 지금 시세로 따져도 엄청난 수입이라고 할 수 있습니다.

이 중에서 단연 영화 관람 수입이 전체의 70%를 차지할 정도로 영화 관람은 가장 대중적인 문화 활동이었습니다.

영화 관객만 연간 542만 명에 달했으며, 관람료로 127만

4,000원을 지출했다고 합니다.

　일 년 중에 관람객이 가장 많은 달은 1월이었는데, 한 달 동안에 61만 원의 매출이 발생했습니다.

　하지만 7, 8, 9월은 전형적인 비수기로 1월에 비해 매출이 30% 정도 감소했다고 합니다.

　참고로 2019년 기준 국내 영화 관객 수는 2억3,000만 명입니다. 경성 시내에 국한됐지만 80년 만에 영화 관객 수는 42배 증가했습니다.

074

신성일

● 배우 신성일 씨는 1974년 세금으로 342만 원을
납부해 최고 납세 연예인으로 주목받았다

최고의 영화배우 신성일,
세금으로 342만 원 납부하다

영화배우 신성일 씨는 자타 공인 대한민국을 대표하는 클래식 영화배우입니다. 50여 년간의 연기 생활 중 무려 500여 편의 작품에 주인공 역할을 맡았습니다. 특히 1960년대 후반은 가히 신성일의 전성시대라고 할 수 있습니다. 출연 작품만큼이나 영화는 그에게 명성과 부를 쌓게 해주었습니다.

1967년도에 고액 납세자 가운데 기업인을 제외하고 배우와 가수 통틀어 신성일 씨가 낸 납세액은 단연 최고였습니다. 그는 세금으로 342만 원을 납부했습니다.

배우 2위 신영균 씨는 248만 원, 김지미 씨는 134만 원의 세금을 납부했습니다.

가수 납세자 1위는 '키다리 미스터김'이란 히트곡을 부른 이금희라는 가수였는데, 그녀가 낸 세금은 15만1,000원이었답니다. 신성일 씨와 비교해 1/20에 불과했습니다.

가수 수입은 배우에 비해 굉장히 박했습니다. 배우 부문 납세자 10위가 황정순 씨였는데 그녀가 낸 세금은 40만 원이었습니다.

당대 최고의 가수였던 이미자 씨가 13만5,000원, '하숙생'을 부른 서울대 법대 출신의 엘리트 가수 최희준 씨는 13만9,000 원을 납부했다고 합니다.

한편 전체 납세액 1위는 기업으로는 한진상사가 4억 원, 동 명목재가 2억 원을 납세해 수위를 다투었습니다.

075

한일 문제

● 1962년 국내 대학생들의 한일관계 인식 조사

질문	내용
한일관계에 대한 일본의 태도	성의가 없다(60.2%), 성의가 다소 있다(30.4%)
재산청구액에 대한 견해	우리가 원하는 액수를 받아야(50%), 타협해서 중간이라도 받아야(44.9%)
대일재산청구액 일부를 차관형식으로 보상한다는 제안에 대해	받지 말아야 한다(72.2%), 받아야 한다(13%)
대일청구권과 어로협정체결 교환에 대해	수락해서는 안된다(74.3%), 수락해야한다
주한일본대표부 설치에 대해	설치해서는 안됨(49.7%), 설치해야 무방(40.9%)
한일국교정상화에 대해	일본 태도를 보고 서서히 결정(55.4%), 국교맺을 필요없다(4.8%)
일제 상품 수입에 대해	들어와서는 안된다(74.7%), 들어와도 무방(13.5%)

〈출처: 성균관대학정치학회, 1962년 대학생 585명 대상 조사〉

한국 대학생의 1962년 對 日本 인식 수준은 어떠했나

한일 문제는 여전히 뜨거운 이슈이자 미해결 분야 중 하나입니다. 현재도 그렇지만 과거에도 한일관계는 늘 첨예한 평행선을 그리곤 했습니다. 1960년대 초반에 한일 협정을 둘러싼 한국 내 반발은 거세게 일었습니다. 그러다 1965년에 한일 협정이 최종적으로 체결됨으로써 한일관계는 새로운 단계로 진입하게 됩니다. 하지만 1960년대 초만 하더라도 일본에 대해 한국인들의 감정은 그리 좋지 않았습니다.

1962년 한일정상회담이 열린 이후 대학생을 대상으로 한일관계에 대한 여론조사를 실시한 바 있습니다. 대학생들의 생각은 어떠했을까요. 당시 대학생들은 한일관계의 책임이 '일본의 성의 부족'이라는 견해가 우세했습니다. 재산청구권에 대해서는 50%의 학생들은 '우리가 원하는 만큼의 보상을 받아야 한다'라고 응답했습니다. 한일 국교 정상화에 대해 응답자의 55.4%는 '일본의 태도를 보고 서서히 맺어야 한다'라는 보수적인 견해를 견지했습니다. 일본산 상품에 대해서는 '들어와서는 안 된다'라는 강경한 입장이 43.7%로 가장 많았으며, 일본산 TV 수입과 관련해서는 '국산 제품이 없는 한 쓰지 않는 게 좋다'는 의견이 가장 우세했습니다. 당시만 해도 일본에 대한 거부감이 극심한 상황이었습니다.

1965년 한일 협정이 체결된 이후 한일 양국 간 경제, 사회적 교류도 활발해지고, 여러 이슈를 거치면서 한국과 일본 국민의 인식 수준도 많이 달라지고 있습니다.

2023년 한일 국민 상호인식조사 결과 '한일 관계가 나쁘다는 평가'는 42%로 조사됐으나, 긍정 평가는 전에 비해 많이 올라갔습니다. 하지만 여전히 한국인은 일본이란 나라에 대해 28.9%만이 '좋은 인상'을 갖고 있으며, 일본인들은 한국에 대해 '37.4%'만이 좋은 인상을 갖고 있다고 조사됐습니다.

60년 전이나 지금이나 일본은 가깝고도 먼 나라입니다.

076

유행가

● 1962년 어린이들의 가장 많이 따라 부른 대중가요

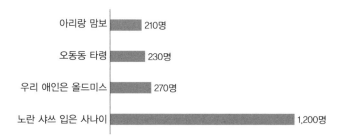

아리랑 맘보　210명

오동동 타령　230명

우리 애인은 올드미스　270명

노란 샤쓰 입은 사나이　1,200명

〈출처: 덕성여고, 8~13세 1300명 조사〉

'노란 샤쓰 입은 사나이'가
동요보다 많이 불렸던 그 시절

　요즘은 어린이들이 동요를 부르는 모습은 찾아보기 어렵습니다. 동요 대신 K팝을 따라 부르는 것이 더 자연스러운 현상입니다.

　60년 전에도 그랬습니다. 1962년에 덕성여고 학생들이 4살부터 7살까지 남녀 어린이 1,300명, 8살부터 13살까지 남녀 어린이 1,300명 등을 대상으로 조사한 자료가 있습니다. 여기에 따르면 95% 이상의 어린이가 유행가를 부를 줄 안다고 응답했습니다. 특히 4살에서 7살 어린이 중 동요보다 유행가가 더 좋다는 응답도 220명이나 됐다고 합니다. 특히 가수 한명숙 씨가 부른 '노란 샤쓰 입은 사나이'라는 노래가 크게 유행하고 있었는데, 대부분 어린이가 이 노래를 따라 부를 수 있었다고 합니다. 다음으로 '우리 애인은 올드미스', '오동동 타령', '아리랑 맘보', '대전 블루스' 순으로 조사됐습니다. 더 재미있는 것은 외국 팝송도 어린이들이 많이 따라 불렀는데, 최고의 팝스타였던 닐 세다카의 'Oh! Carol'은 70~80%의 어린이들이 따라 부를 수 있었다고 합니다.

077

팝송

● 1975년 종류별 음악방송 비율

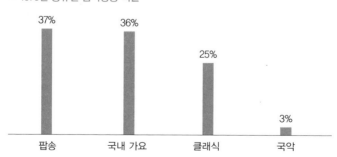

⟨출처: 한국방송윤리위원회, 중앙 5개 라디오 방송 프로그램 현황 조사⟩

그룹 퀸(Queen)이 부릅니다 'Radio GaGa'

요즘 라디오 방송에서 국내 가요, 해외 음악, 국악, 클래식 등 다양한 분야의 음악들이 송출되지만, 비중으로 보면 국내 가요가 차지하는 비중이 제일 높은 게 사실입니다. 하지만 과거에는 해외 음악, 특히 팝송의 비중이 높았던 시기가 있었습니다.

1975년 11월에 한국방송윤리위원회가 중앙 5개 라디오방송국의 외국가요 프로그램 현황을 주기적으로 실시했는데, 이전에 비해 국내 가요 비중이 높아졌다고 합니다.

당시 5개 방송의 하루 총방송량 가운데 음악방송의 비율(시간 기준)은 38.2%였습니다. 음악방송 가운데, 외국가요(팝송) 비중이 36.5%로 가장 높았고, 국내 대중가요 35.6%, 순수음악 24.9%, 국악 3% 순으로 조사됐다고 합니다.

외국가요 중에서는 아메리칸 팝송이 전체의 56.5%로 가장 많은 비중을 차지했으며, 포크송 노래가 30%, 기타 샹송, 칸소네 및 번안가요, 클래식 음악 등이 13.5%를 점유했습니다. 이는 지난 조사와 비교할 때 아메리칸 팝송 비중이 65.3%에서

10% 포인트 이상 줄어들었습니다.

포크송 노래는 11%에서 20% 포인트 이상 증가한 수치입니다. 특히 아메리칸 팝송 중에서 헤비메탈 계열의 음악은 그 비중이 현저히 줄었다고 합니다.

당시 국내 음악시장에서 포크송이 주류를 이루던 시기였다는 시대적 트렌드가 반영된 결과라고 볼 수 있습니다.

078

독서

● 연대별 베스트셀러

연대	베스트셀러 작품들
해방직후	백범일지(김구), 내가넘은 38선(등원정) 등 수기물
1940년대 후반	흙(이광수), 순애보(박계주) 등 여성팬 중심
6 · 25 전쟁	향불(마도), 청춘극장(김대성)
전쟁 이후	자유부인(정비석), 고난의 90일(유진오), 김소월 및 조병화 시집 등
1960년대	영원과 사랑의 대화(김정석), 흙속에 저 바람속에(이어령) 등 수필집, 저 하늘에도 슬픔이(이연복)
1970년대	별들의 고향(최인호), 난장이가 쏘아올린 작은 공(조세희)

베스트셀러는 시대를 반영한다

독서인구가 최근 들어 급격히 줄어들고 있습니다. OTT 등 동영상 미디어가 활개를 치고, 즐길 거리가 풍성해지면서 독서를 하는 사람들이 줄어들고 있다는 분석입니다. 하지만 세대를 초월한 베스트셀러는 늘 존재하기 마련입니다.

한국 역사를 통틀어도 시대별로 베스트셀러들은 존재했습니다. 특히 시대적 상황을 반영한 베스트셀러는 현재도 많은 사람에게 감동을 주고 있습니다. 흔히 사회의 일면을 이해하기 위해서는 특정시기에 많이 팔린 책을 살펴보라는 말이 있듯이 우리나라도 시대적인 상황에 따라 베스트셀러가 등장했습니다.

우선 해방 직후에는 우리 글에 대한 욕구가 커진 시기라 책이 많이 팔렸습니다. 해방 직후 베스트셀러로는 등원정의 『내가 넘은 38선』『나는 자유를 선택했다』와 백범 김구 선생의 『백범일지』가 베스트셀러 목록에 올라 있습니다.

이후 여성 독자를 중심으로 춘원 이광수의 『흙』, 박계주 씨의 『순애보』 등이 장기 베스트셀러에 올랐습니다. 6.25 전쟁 중에는 김내성의『청춘극장』이 인기를 끈 책이었습니다. 정비석 작가의『자유부인』도 파격적인 소재로 인기를 끌었습니다.

시집으로는 김소월, 조병화 시인의 시집이 인기를 끌었고, 전쟁 직후에는 체험수기인 유진오의『고난의 90일』, 모윤숙의『나는 이렇게 살았다』등이 베스트셀러에 올랐습니다.

60년대에는 김정석의『영원과 사랑의 대화』, 이어령의『흙속에서 저 바람속에』가 10만부 가까이 팔렸습니다. 특히 1963년에는 최요안의『마음의 샘터』가 30만부 가까이 팔리는 빅히트를 기록했습니다. 이후 이윤복의 수기인『저하늘에도 슬픔이』, 박경리 작가의『김약국의 딸들』등이 베스트셀러로 등극한 소설들입니다.

1970년대는 최인호 작가의『별들의 고향』, 조해일 작가의『겨울여자』, 한수산 작가의『부초』같은 로맨스물이 큰 인기를 끌었습니다. 70년대는 산업사회의 이면을 그린 윤흥길 작가의『아홉 컬레의 구두로 남은 사내』와 조세희 작가의『난장이가 쏘아올린 작은 공』등도 인기를 끌었습니다.

079

문화 수준

● 1957년 전 세계 문화 지표

구분	내용
출판	일본 2만5,000여종, 한국9,800여종
라디오	라디오 수신기 총 3억3,500만 대 보급, 북미 1억7,000만 대, 유럽 1억2,000만 대
TV	6,400만 대 보급, 북미 5,000만 대, 유럽 1,200만 대
신문	전 세계 신문 발행국가는 총130개 국가, 영국 573부 발행해 최고, 한국은 55부 발행

〈출처: 유엔통계연감 1958년판〉

신문, TV, 라디오 보유대수로 살펴본 각국의 문화 수준

1958년 판 유엔에서 발간한 통계연감에 주요 국가들의 문화 수준을 평가하는 지표가 게재돼 전쟁 직후 한국의 문화적 위상을 가늠하는 자료가 있었습니다. 문화 수준을 평가하는 척도로는 출판, 신문, 라디오, TV 등의 양적 지표로만 측정했습니다.

실질적인 문화 수준을 평가하는데는 다소 부족한 게 있지만 어느 정도 우리의 문화적 수준을 평가할 수 있는 통계라고 할 수 있습니다.

우선 1957년 각국에서 간행된 출판물은 당시 일본이 2만 5,000여종을 출판했고, 영국이 2만700여종, 인도 1만100여종이며, 한국은 1만여종에 채 미치지 못하는 9,800여종을 출간했습니다.

일본은 철학 서적을 많이 간행했으며, 인도는 종교서적, 기초 과학서는 영국이었습니다. 해외 출판물을 번역한 작품도 2만8,000여종인데, 이중 영어로 된 번역서가 32%, 러시아어로 번역된 작품이 23%를 차지했습니다.

1957년, 전 세계 라디오 수신기 대수는 약 3억3,500만 대인

데, 이중 북미국가가 1억7,000만 대를 보유하고 있었습니다. 라디오를 가진 사람은 인구 1,000명당 672대꼴이었습니다. 아시아 지역 국가들의 라디오 보유 대수는 1,000명당 17대로 가장 낮은 편이었습니다.

TV는 전 세계적으로 총 6,400만 대가 보급됐는데, 5,000만 대는 북미, 유럽은 1,250만 대를 보유하고 있었습니다. 국가별로 보면 미국과 영국이 전 세계 TV의 86%를 보유하고 있었습니다. 1957년 신문을 발행하는 국가는 총 130여 개국으로 이 중에서 영국 573부로 가장 많았습니다. 한국은 인구 1,000명당 55부의 신문을 발간하는 것으로 조사됐습니다.

080
장래 희망

● 1950년 초등학생들의 장래희망, 취미

구분	현황
장래희망	· 남학생은 과학자와 군인, · 여학생은 선생님
독서	· 남학생은 과학책을 즐겨 읽음, · 여학생은 만화책을 즐겨 읽음
취미	· 남학생은 축구, 야구, 농구 · 여학생은 줄넘기와 그네뛰기
용돈	· 하루 평균 20~30원

〈출처: 1950년 미동, 무학, 동대문, 수송초등학교 재학생 대상〉

흔한 초등학생 장래 희망,
남자는 과학자와 군인, 여자는 선생님

어렸을 적에 늘 어른들한테서 듣는 질문 중 하나가 장래 희망이 무엇이냐 입니다. 어린 시절일수록 장래 희망은 폼나는 직업을 말하는 경우가 많은데, 나이가 들수록 현실적인 답변을 하게 됩니다.

교육부가 2023년에 초중등 학생을 대상으로 조사했더니 초등학생은 운동선수와 의사, 교사 순이었으며, 중학생은 교사, 의사, 운동선수, 고등학생은 교사, 간호사, 생명과학자 순이라고 밝혔습니다.

직업이 많아지면서 요즘 장래 희망 조사에서 빠지지 않는 게 크리에이터와 웹툰 작가입니다. 여기에 배우, 모델, 요리사, 뷰티 디자이너 등 과거에 볼 수 없었던 직업들도 눈에 띕니다.

6.25 전쟁 발발 직전 1950년에 서울 시내 초등학교인 무학초등학교, 수송초등학교, 미동초등학교, 동대문초등학교 등 4개 학교를 대상으로 장래 희망과 독서, 취미 등에 대한 조사

를 진행한 바 있습니다.

당시 남학생들은 주로 장래 희망으로 과학자와 군인을 첫손으로 꼽았으며, 여학생들은 선생님을 꼽았습니다. 이들 학생은 취미활동으로 운동을 좋아했는데, 축구와 농구를 즐겼습니다. 여학생들은 줄넘기와 그네뛰기를 주로 했습니다. 주로 읽는 책은 만화를 가장 즐겨 봤습니다.

이들 학생의 하루 용돈은 평균 20~30원이었습니다. 심지어 하루 용돈이 100원인 어린이도 있었다고 합니다. 아무래도 서울 시내 상류 학교였다는 점에서 용돈도 풍족했던 것으로 추측됩니다.

081

이대생의 관심

● 가장 좋아하는 것

구분	순위
숭배하는 인물	예수, 베토벤, 헬렌켈러, 이퇴계, 토스트예프스키
좋아하는 음악	교향곡, 피아노, 성악
좋아하는 현존 음악가	파데레프스키, 스토코프스키
좋아하는 배우	게리쿠퍼

〈출처: 동아일보, 이화여전 음악과 1939년 졸업생 대상〉

1939년 이화여전 음악과 졸업생이 존경하는 인물 '예수와 베토벤'

1886년 고종황제가 대한민국 최초 여성교육의 시작을 알리기 위해 설립한 이화학당은 지금의 이화여자대학교 전신입니다. 1927년 이화학당에서 이화전문학교로 개편되었고, 해방 후 이화여자대학교로 승격하게 됩니다. 이화여대는 예로부터 엘리트 신여성의 배출로 유명합니다. 때문에 이화여자대학생에 대한 대중의 관심은 예나 지금이나 컸습니다.

동아일보에서 1939년 2월에 졸업한 이화여전 음악과 학생 15명을 대상으로 그들의 선호도를 조사한 통계가 기사에 게재된 바 있습니다.

우선 즐겨 읽는 잡지로는 음악과 출신답게 『음악세계』가 6명으로 가장 많았고, 『조광』 4명, 『여성』 3명 등이었습니다. 우리말 잡지가 많지 않은 것은 우리글의 출판이 적었기 때문입니다.

숭배하는 인물로는 '예수'를 꼽은 사람이 7명, '베토벤' 6명, '헬레켈러'와 '이퇴계', '토스트예프스키' 각각 2명이었습니다.

이밖에 '루스벨트 대통령', '소크라테스' 등이 숭배하는 인물로 선정됐습니다.

좋아하는 음악으로는 교향악이 가장 많았으며, 뒤를 이어 피아노, 성악 순이었습니다.

현존하는 음악가 중에 가장 좋아하는 음악가로는 5명의 학생들이 폴란드의 작곡가이자 피아니스트인 '이그나치 얀 파데레프스키'를 꼽았습니다.

또한 폴란드의 지휘자였던 '레오폴드 스토코프스키'와 피아니스트 '레오 시로타'가 각각 4명의 지지를 받았습니다.

한편 좋아하는 영화배우로는 '게리 쿠퍼'를 가장 많이 꼽았습니다.

082

여고생

● 1954년 경기여고, 수도여고생들의 진로학과

진로학과 순위	경기여고	수도여고
1	영문과	교육과
2	약학과	약학과
3	교육과	영문과
4	의과	가정과
5	가정과	법과
6	법과	의과

〈출처: 1954년 졸업예정자 대상 조사〉

영문과와 약학과, 1954년 명문 여고생들의 찐 선택

1950년대 당시 명문 여고생들은 어떤 진로를 희망했을까요. 명문 여고라는 점에서 여학생들을 일반화하기는 힘들지만, 당시에도 자립할 수 있는 학과를 목표로 했다는 점에서 요즘 세태와 크게 다르지는 않습니다.

1954년에 경향신문에서 최고 명문 여고였던 경기여고와 수도여고 졸업생들의 희망 진로를 조사한 통계 결과를 발표했습니다. 여성들의 진출 범위가 확대되면서 남학생들만 지원하던 분야까지 진출해 긍정적인 현상이었다고 합니다. 남학생들만의 영역에 여학생들이 진출하는 게 화제였던 것 같습니다.

경기여고 졸업생들이 가장 희망하는 학과는 영문과, 약학과, 교육과, 의과, 가정과, 법과, 미술, 정치외교, 국문과, 외국어대 순으로 조사됐습니다. 수도여고의 경우 교육과, 약학과, 영문과, 가정과, 법과, 의과 순으로 나타났습니다.

한편, 기록에 보면 취직을 희망하는 학생은 15% 수준인데, 초등학교 교사나 은행 등에 취업을 원했다고 합니다. 반면, 가정에 들어가는 걸 희망하는 학생은 10%였다고 합니다.

083

무속인

● 1930년대 무당의 굿판 모습

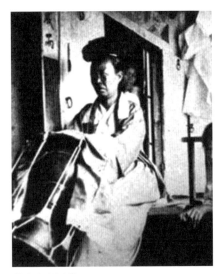

〈출처: 우리역사넷〉

토속신앙의 상징 '무당'과 얽혔던 우리의 이웃

무속인은 예로부터 우리 주변에 늘 존재했습니다. 세상이 하 수상하거나 내일 일이 궁금할 때마다 무속인을 찾곤 합니다. 일반적으로 세상이 어지러울 때 무속인을 찾는 사례가 많습니다.

1920년대에도 무속인이 참 많았다고 합니다. 1924년에 경기도 경찰서에서 조사했더니 경기도 내에 무속인이 134명이었습니다.

특히 경성 시내에만 조선인 출신 무속인이 40명이고, 일본인 9명, 중국인 1명이 활동했습니다. 그러나 이는 겉으로 드러난 숫자이고, 산에 숨어있거나 비밀리에 운영하는 무당들이 많아 실제 무속인들은 더욱 많았습니다.

1924년 일제시대 때 인천에서만 한해 동안 총 358회의 굿판이 열렸습니다.

당시 굿은 단순한 미신행위가 아니라, '치성 기도'라는 명목 하에 나름 양지로 떠오를 때이다 보니 통계 자료가 잡힌 것입니다.

보통 무속인을 찾아 굿을 하게 되면 조선사람은 1원에서 3원까지 비용으로 지불했고, 일본인은 5~10원까지 냈습니다.

무속인에게 의뢰한 사람도 지위가 천차만별인데, 아주 평범한 서민에서부터 군수 등 고위공무원들도 많았습니다.

예나 지금이나 급할 때 무속인을 찾는 건 지위 고하를 막론하고 변함이 없습니다.

084

민간 의료

● 아플 때 무속치료 경험 있는지 여부

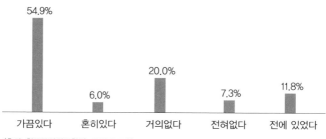

〈출처: 한국문화인류학회, 1976년 조사〉

한때 아프면 사람들은
굿이나 푸닥거리로 치유했다

시골에 사는 사람들은 적절한 의료 치료를 받기 힘듭니다. 더욱이 최근에 의료기관이 많이 없어지고 있는 지방 사람들이 치료를 위해 일찍부터 서울과 수도권 병원을 찾는다는 안타까운 뉴스도 들립니다.

과거에도 시골 사람들은 적절한 치료를 받기가 힘들어 무속 치료를 받는 경우가 많았습니다.

1976년에 당시 서울대 의대 이부영 박사팀이 한국문화인류학회와 공동으로 농촌 거주하는 사람들을 대상으로 농촌 무속 치료 등을 조사한 자료가 발표됐습니다.

당시 조사에 따르면 병이 잘 낫지 않으면 굿이나 푸닥거리 또는 경을 읽는 일이 있는지를 조사했더니 절반이 넘는 54.9%가 '가끔 있다'라고 응답했으며, '흔히 있다'라는 답변이 6%, '전혀 없다'라는 응답은 20%, '그 전에 있었다'라는 12%로 조사됐습니다. 당시 응답 신뢰도를 감안했을 때 최소 60% 이상은 무속적 치료를 했을 것으로 추측됩니다.

재미있는 것은 '무당이 되려는 사람은 신병을 앓는다는데 이 마을에도 신들린 사람이 있느냐'라는 질문에 '있다'가 22%, '그전에 있었다'가 18%, '없다'가 60%로 조사됐습니다.

　　신들린 사람을 치료하기 위해 병원에 데려가는 경우는 22.9%이고, 나머지는 '무당이 되거나 굿을 해야 한다'라고 응답했다고 합니다.

　　한편, 민간 의료로 특이한 것은 소고기 먹고 체하면 개머루 대즙을 먹고, 닭고기를 먹고 체하면 지네를 먹었다고 합니다.

085

진학 차별

● 1921년 용산철도학교 학생모집 공고

〈출처: 조선일보, 1921년 1월 28일 자〉

나라 잃은 조선인 학생 진학에도 차별받다

일제 강점기 시대에 일본의 조선 차별은 사회 곳곳에서 벌어졌습니다. 특히 교육 분야에서도 조선인과 일본인에 대한 차별이 심했습니다. 그 시절에 용산에 있는 철도학교는 많은 학생에게 선망의 대상이었습니다. 하지만 조선 학생들은 일본 학생에 비해 입학하는 경우 상당한 불이익을 받았다고 기록돼 있습니다.

1920년대 초 용산에 있던 철도학교는 졸업한 즉시 안정적인 취업이 보장돼 조선 학생은 물론이고 일본 학생들에게도 인기 짱이었습니다. 하지만 실제 입학한 학생 대부분은 일본 학생이 대다수를 차지해 당시 여론에서는 '조선 학생은 전부 저능아인가'라고 비판하고 있습니다.

철도학교 입학 공지를 내면 통상 일본인 300~400명, 조선인 700~800명이 응시하는데 최종 합격자 대부분은 일본인 학생들이고, 조선인 학생의 경우 합격생은 1~2명에 불과했습니다. 용산철도학교는 도제과와 본과로 구분되는데, 도제과를 졸업하면 하위직을 맡게 됩니다. 즉 철로에서 막일하는 잡부를 뽑는 학과가 도제과였습니다. 하지만 본과를 졸업하면 정 거장 직원과 운수를 담당하는 핵심 보직을 맡게 됩니다.

실제 도제과에 입학한 조선인 학생 수는 입학정원의 50%가 량을 차지했지만, 본과에 입학한 조선인 학생은 지원자 1,681 명 중에 겨우 6명에 불과했습니다.

일제 강점기 시절은 조선 학생들에게도 암울한 시기였음을 알 수 있습니다.

086

문맹

● 연도별 우리나라 문맹률 추이

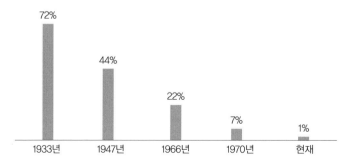

72%

44%

22%

7%

1%

1933년　　1947년　　1966년　　1970년　　현재

10명 중 4명 '낫 놓고 기역 자도 모른다'는 문맹국가였던 시절

문맹률. 글자를 못 읽는 사람의 비율을 말합니다. 현재 대한민국의 문맹률은 1%에 불과합니다. 대부분 글자 정도는 읽을 수 있다는 의미입니다. 하지만 글을 읽을 줄은 알지만 뜻을 모르는 경우도 있습니다. 한때 '심심한 사과'라는 표현에서 '심심' 때문에 우리나라 성인 문맹률이 75%라는 오보가 뜨기도 했습니다. 심심(甚深: 마음에 깊게 우러나옴)이란 말을 '지루하다'라는 의미로 잘못 받아들여 생긴 해프닝입니다.

1930~40년대만 하더라도 학교에 다니지 못한 국민이 많아 문맹률이 높았습니다. 1947년에 문교 당국에서 우리나라 국민의 문맹률을 조사했는데, 44%가 '낫 놓고 기역 자도 모르는' 문맹자라는 통계 결과를 발표했습니다. 국민 10명 가운데 절반에 가까운 4~5명이 글을 읽지 못했다는 뜻입니다. 지금에 비춰보면 문맹률이 상당히 높다고 할 수 있는데, 일제 강점기 때인 1933년에는 문맹률이 72%에 달했습니다. 해방 이후 교육 정책을 꾸준히 편 덕택에 이후 문맹률은 계속 낮아져 1966년에 22%, 1970년에 7%, 현재는 1% 수준입니다.

087

청구영언

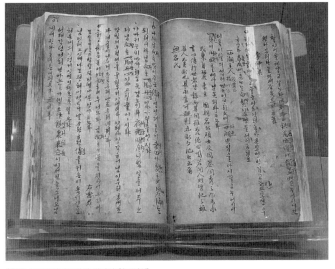

〈출처: 국립중앙박물관에 전시된 청구영언〉

역사 속 한국인의 정서, '사랑보다 슬픔',
'기쁨보다 한'이 많아

『청구영언(靑丘永言)』은 조선 영조 4년에 남파(南坡) 김천택이 엮었다고 알려진 시조 모음집입니다. 해동가요, 가곡원류와 함께 우리나라 3대 시조집으로 불리는데, 고려말 정몽주에서 조선 후기 영조까지 구비 전승된 총 580수의 시조를 수록한 우리나라 최고의 가요 모음집입니다. 일종의 노랫말 가사 모음집입니다.

주요 저자들로는 임금과 선비, 기녀, 서인 등을 아우릅니다. 말하자면, 우리 선조들의 감성적인 면을 심층 깊게 알 수 있는 문헌인 셈입니다.

그런데 이어령 전 문화부 장관이 집필한『한국과 한국인』에서 이들 시조에서 드러난 한국인의 의식을 통계로 잘 해석해 놓은 게 있습니다.

청구영언에 주요 테마나 소재를 가지고 한국인들의 의식을 조사했습니다. 식물 중에서는 '꽃'을 가장 많이 수록했고, 나무 중에서는 '소나무'라는 단어가 가장 많이 사용됐다고 합니다. 동물 중에서는 '새'가 가장 많이 쓰인 소재였으며, 자연에서는

'하늘'이 가장 많이 언급됐습니다.

재미있는 것은 청구영언 가운데 가장 많은 분량을 차지하는 것은 술이었습니다.

술을 노래한 것은 꽃이나 달, 산보다 훨씬 많았습니다. 그런데 술에 대해서도 서양은 주로 낙관적인 시들이 많은데,『청구영언』속 술을 소재로 한 시조들은 '탄식'과 '한'에 관한 것이 많았습니다. 또한 새에 대해서도 투쟁적인 '매'나 '독수리'보다 고고한 '학' 등을 소재로 한 것이 많았습니다.

출렁거리는 '바다'보다는 '산'을 소재로 한다든지, '사랑'보다는 '슬픔', 활기찬 생의 찬가보다는 놀고 취하기 위한 '술'이 더 많이 불린 것은 우리 선조들의 서글픈 시대상을 반영한 것이라는 해석입니다.

4

이색 통계

088

과학과 키

● 해방 직후 야외에서 수업받는 초등학생들

〈출처: 미국 국립문서기록관리청〉

과학 공부를 열심히 하면 키가 커진다?

　공부를 열심히 하면 키가 커진다? 1959년 네덜란드의 통계학자 로멜스 박사가 이색적인 통계 결과를 발표해 시선을 끌었습니다. 로멜스 박사는 어릴 때 과학과 철학, 외국어를 공부하면 키가 커진다는 이색적인 학설을 내놓았습니다.

　그에 따르면 어린이들의 키가 커지는 요인으로 첫째가 적절한 음식물 섭취이며 둘째는 기후, 셋째는 체조, 넷째는 사고력이라고 했습니다. 그는 그중에서도 사고력을 충분히 활용하는 아이들 키가 가장 잘 자랐다는 게 통계적으로 입증이 됐다고 주장했습니다. 그는 또 하루 4시간 정도 공부하는 습관은 야외에서 축구 경기를 하는 것보다 훨씬 키를 잘 자라게 하는 이유라고 강조했습니다. 특히 과학계통의 학문 수업이 늘어나면서 학생들 키와 체격이 더욱 커지고 있다는 주장입니다. 과학 기술력이 발달하면서 점차 인간의 키가 커졌다는 논리입니다. 실제 통계에도 나타납니다.

　폭스뉴스에 따르면 지난 100년간 인간은 평균 7.62cm가 자랐습니다. 특히 한국 여성은 평균 20cm, 남성은 15cm가 더 자랐습니다. 로멜스 박사 학설처럼 과연 사고력의 결과일까요?

089

머리 크기

● 머리 크기가 큰 사람일수록 아이큐와 학업성취도가 높다는 이색적인
  실험 결과 발표

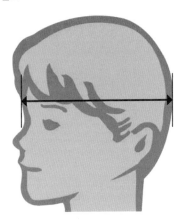

머리 클수록…
아이큐와 학업성적 높다는 것을 실증하다

머리가 크면 큰 바위 얼굴이라고 놀림을 받을 때가 종종 있습니다. 앞뒤짱구 머리가 모양이 이쁘다고 생각하는 부모들도 많습니다. 하지만 1980년 서울대 보건대학원생이던 정곤채 씨가 이색적인 논문을 발표했습니다. 연구 결과는 기존 통념과 거리가 멀어 주목받았습니다.

이 연구에 따르면 통계적으로 머리가 큰 사람(앞뒤짱구가 아닌 양옆 짱구)이 지능도 높고, 학업성적도 더 좋았다고 합니다.

정곤채 씨가 남녀 고등학생 2,500여 명을 대상으로 머리크기(두경지수)와 지능지수, 학업성적 등의 상관관계를 비교했습니다.

머리 크기가 80 이하인 사람 가운데 아이큐(IQ)가 100 이상인 경우 28명뿐이었지만 머리 크기가 100인 대두인 사람인 경우 아이큐가 100 이상인 사람이 76명으로 더 많았다고 합니다.

또한 머리 크기와 학업성취도 분석했는데, 머리 크기가

평균치인 85~89인 경우 학업성적도 전체 평균에 그쳤다면, 머리 크기가 90~94인 경우 90%가 평균 성적을 웃돌았습니다.

머리 크기가 95~100사이즈로 대두인 경우에는 318명 가운데 만점이 61명이란 실험 결과가 나왔답니다.

엄격하게 과학적으로 입증되지는 않았더라도 통념상 머리가 큰 사람이 지능이 높다는 재미있는 연구 결과라고 할 수 있습니다.

090

천재

● 천재는 고독하다? 천재들의 성장환경

고독은 천재를 낳는다 〈출처: 조선일보 1965년 4월 4일 자〉

일류학자 900명 조사했더니…
'천재는 장남이나 외동이 많아'

천재들의 가정환경은 어떠할까요. 1965년 미국의 천재 전문가인 엔루 박사가 일류과학자 886명을 대상으로 천재의 성장환경을 조사했습니다.

엔루 박사가 연구한 결과에 따르면 이들 일류과학자 중 41.5%가 장남이었다고 합니다. 또한 8%는 외동으로 조사됐습니다.

대가족의 중간쯤에 해당하는 사람은 26%였습니다. 즉, 맏아들이나 외동이 천재가 될 확률이 높다는 것입니다.

엔루 박사는 뛰어난 과학자가 된 데는 고독이 필요 불가결한 요소라고 결론을 내립니다.

다른 연구 결과도 이를 뒷받침하고 있습니다. 영국의 옥스퍼드 대학이 로즈 장학생을 조사했습니다. 조사결과를 봤더니 가족 수가 적은 가정의 맏이가 가장 많았다고 합니다.

엔루 박사는 독창적이고 뛰어난 미국의 최고급 과학자 64명을 대상으로 별도로 통계를 냈더니 공통점이 발견됐습니다.

'중류 가정의 맏이로서 몸이 아프거나 부모를 일찍 여의었으며, 대체로 고독하고 다른 사람과 다르며, 성격이 수줍고 외톨이로 성장했다'라는 공통점입니다.

가령 셰익스피어는 형제 중 살아남은 유일한 인물이었으며, 레오나르도 다빈치는 첫 아이였습니다.

갈릴레오는 7형제 중 맏이였고, 뉴턴과 닥터 존슨은 두 형제 중 첫째였으며, 괴테, 키츠, 베토벤, 워싱턴, 링컨, 프로이트, 니체, 아인슈타인, 처칠은 모두 맏이라는 공통점을 갖고 있습니다.

미국의 위대한 대통령인 프랭클린 루스벨트는 외아들이었습니다.

물론 예외도 있습니다. 미켈란젤로, 나폴레옹, 다윈, 톨스토이는 맏이도 외동아들도 아닌 중간이었답니다.

- 267 -

091

손가락

● 지구인들이 식사할 때 사용하는 도구 비율 〈단위: %〉

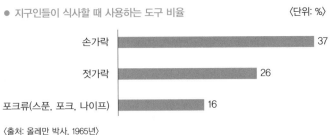

손가락 37

젓가락 26

포크류(스푼, 포크, 나이프) 16

〈출처: 올레만 박사, 1965년〉

식사 도구는 젓가락, 포크보다
'손가락'이 최고

아시아권에서 식사할 때 주로 사용하는 도구는 젓가락이란 사실은 다들 아실 겁니다. 대부분 아시아 국가에서 젓가락을 가장 많이 사용하고 있는데, 국을 떠 마시는 풍속 때문에 한국 등 일부 국가에서는 숟가락도 같이 겸하는 경우도 있습니다.

젓가락과 숟가락을 혼용해서 쓰는 식사 문화는 특히 한국이 두드러집니다. 이와 관련해 여러 학설이 존재하는데, 탕이나 찌개, 국과 같은 반찬이 늘 상에 오르기 때문에 자연스럽게 숟가락과 젓가락을 함께 사용했다는 게 정설입니다.

육류와 수프가 주식인 서양에서는 포크와 나이프, 스푼을 사용하는 게 일반적입니다.

전 세계 70억 인구 중 60%가 넘는 아시아권이라는 점에 비추어 볼 때 현재도 식사 도구로는 젓가락이 가장 많이 애용되는 도구일 것으로 추측됩니다.

이와 관련된 이색적인 통계가 발표된 바 있습니다. 1965년도 독일에 소재한 솔리겐박물관 올에만 박사가 지구상에서 음식을 먹을 때 사용하는 도구에 대해 나름의 과학적인 분석을 통해 통계를 발표했습니다.

당시 올레만 박사가 발표한 통계에 따르면 전 세계 인구 중 식사 때 가장 많이 이용하는 도구로 손가락이 37%에 달했다고 합니다. 당시에는 인도나 아프리카 등 일부 국가에서 손가락을 이용해 식사하는 게 일반적인 식사문화였습니다.

젓가락을 사용하는 비율은 26%이며, 스푼과 포크, 나이프 등을 사용하는 서양식 식사 도구를 사용하는 비율은 16%였다고 합니다.

건강 측면에서만 본다면, 젓가락질은 치매 예방과 두뇌 발달에 큰 도움을 준다고 합니다.

092

식성

● 한국인은 전통적으로 씹는 거보다 마시는 습성이 강하다

'물 말아 먹는 한국인', 씹기보다는 마시는 게 더 좋아

한국인의 식성은 씹는 것을 좋아할까요 아니면 마시는 것을 좋아할까요. 이같은 우문에 대해 한국인의 기본 속성은 마시는 데 있다고 서정범 전 경희대학교 교수가 주장한 바 있습니다.

서정범 교수는 '마시다'란 어원 고찰을 통해 '멋'이란 말도 마시다에서 유래한 것이라고 주장한 바 있습니다. 마시기를 좋아하는 습성은 약도 물약이 잘 팔리고 드링크류나 주스 같은 게 많이 팔리는 경우만 봐도 그렇다는 것입니다.

'마시는 것'과 '씹는 것'에 대해 재미있는 조사를 한 게 있습니다. 1970년에 경희대학교에서 여학생 대상으로 당시 통계조사를 했습니다. '하루에 한 번 국을 먹는 학생'은 93%이며, '아침식사 때 국에 밥을 말아 먹는 학생'은 49%, '저녁때도 말아 먹는다는 학생'은 42%였습니다. 아침에 아버지가 밥을 국에 말아 먹는 경우도 51%, 저녁은 49%였다고 합니다.

만일 국이 없다면 어떻게 했을까요. 국이 없는 경우 '물에 말아 먹는다'라는 응답률도 여대생은 아침 33%, 저녁 27%였으며 아버지는 30%, 어머니도 40%에 달했다고 합니다.

원래 유목민이었던 한국인의 식성이 마시는 습성으로 바뀐 것은 국을 떠먹던 숟가락이 밥까지 퍼먹도록 납작해진 이후라고 합니다.

씹어먹을 것이 부족해 마시는 습성이 생겼다는 주장도 있습니다. 심지어 마시는 것을 좋아하는 습성은 사고의 영역까지 즉흥적인 민족으로 변하게 했다고 일부 학자들은 주장합니다.

음식의 맛을 제대로 음미하려면 따로 먹는 게 아무래도 낫지 않을까 생각됩니다.

093

여자의 일생

● 한 평생 여자들이 거울보는 시간

나이대	시간
7~10세	하루 7분
15세	하루 15분
16~23세	하루 30분
24~70세	하루 20분
일생	총 6,000시간

여자의 일생 중 거울보는 시간 '6,000시간'

1928년에 서구의 한 과학자가 재미있는 통계를 내놓은 게 있습니다. 미모에 관심 많은 여성은 남성들보다 거울을 보는 시간이 많다는 것은 일반적인 상식입니다.

여성들이 일평생 거울 보는 시간을 계산해 발표해 사람들의 관심을 끌었답니다. 지금보다 100년 전이니 현재하고는 많은 차이가 있습니다.

통계에 따르면 여성이 태어나서 70살까지 사는 동안 거울을 보거나 거울을 보면서 치장하는 시간이 무려 6,000시간이라고 합니다.

구체적으로 보면 여자들은 보통 7살이 되면 거울 앞에서 자기 얼굴을 보게 되는데, 7살에서 10살까지 보통 하루에 거울을 보는 시간이 약 7분이라고 합니다.

그러다가 외모에 관심을 갖기 시작하는 15세부터는 하루에 평균 15분가량을 거울 앞에서 단장한다고 합니다.

점차 미모가 오르는 16세부터 23세까지 평균 30분을 거울 앞에 서게 되고, 이후 70세까지 하루에 평균 20분을 거울을 본다고 합니다.

그래서 이것을 종합한 결과 약 6,000시간에 이른다는 조사 결과입니다.

비슷한 조사를 영국의『The Sun』이라는 매체에서 평균 수명 80년을 전제로 실시한 게 있습니다.

해당 조사에서 여성들이 거울을 보는 시간은 136일(3,276시간)이라고 추정한 통계도 있습니다.

094

엄마의 하루

● 1970년 도시 중류층 주부 하루 일과

구분	시간
수면 시간	7시간
식사/화장/목욕 시간	5시간
가사 시간	8시간
휴식 및 여가 시간	4시간

〈출처: 경향신문〉

'부엌데기'로 평생을 벗어나지 못했던
우리의 어머니

여성들의 사회 진출이 활발해지고 각종 가전제품이 등장하면서 여성들의 부엌에 머무는 시간도 매년 감소하고 있습니다. 과거에도 이 같은 기록들이 남아있습니다.

경향신문 1970년 8월 20일 자 기사에 따르면 1940~50년대 여성들의 가사 활동 시간은 농촌 15시간, 도시 13시간이었습니다. 말 그대로 잠자는 시간 빼고는 가사 노동에 치여 살았다고 해도 과언이 아닙니다.

특히 가사 노동 시간 중 부엌에서 보내는 시간은 농촌 8시간, 도시 6시간이었습니다. 가사 활동 중 절반이 넘는 시간을 부엌에서 보낸 셈입니다.

하지만 1960년대부터 살림살이가 달라집니다. 조리인프라가 장작에서 연탄이나 가스로 바뀌고, 우물이 수도로 변하는 등 여건이 개선되면서 주부들의 가사 시간이 급격히 줄어들었습니다.

1960년대 농촌 주부들이 부엌에서 밥 짓는 시간은 평균 7시간, 도시 주부는 5시간으로 줄었고 1965년에는 농촌 주부 6시간, 도시 주부 4시간 10분으로 줄었다고 합니다.

1969년에는 이 시간이 농촌 5시간 20분, 도시 3시간 40분으로 줄어들어 1945년 해방 직후보다 약 2시간 30분이 줄었다고 합니다.

당시 도시 중류층 주부들의 일과를 보면 수면 7시간, 식사/화장/목욕 등 생리적 생활에 5시간, 가사 8시간, 휴식 및 여가에 4시간을 썼다고 합니다.

095

남자의 삶

● 1920년대 60대 남자의 일생

한 일	소요 시간
잠자는 데 소요된 시간	20여년
식사하는 데 든 시간	3년 9개월
직장에서 업무 보는 시간	17년 6개월
레저, 오락에 드는 시간	7년 6개월
운동 및 산책 시간	6년 3개월
옷이나 신발을 입는 시간	2년 6개월

〈출처: 통계학자 정말모, 1923년 발표〉

1920년대 평범한 60살 노인이
가장 많은 시간을 보냈던 일은?

1920년대 당시 선조들의 평균 수명은 40세 정도였습니다. 마흔 살만 돼도 노인 축에 끼던 시절이었습니다. 60살 넘게 살면 장수복을 받았다고 여기던 시절이었습니다.

1923년에 '정말모'라는 통계학자가 도시에 거주하는 평범한 60대 남성의 일생을 정리한 재미있는 기록이 있습니다.

정말모 통계학자에 따르면 60세가 되는 남성은 살아온 60년 중 1/3인 20년을 잠자는 시간에 사용했습니다. 하루 세 끼를 먹는데 걸리는 시간은 3년 9개월을 사용했습니다.

또한 직장에서 일하거나 돈을 벌기 위해 일한 시간은 17년 6개월을 사용했습니다.

레저나 오락을 위해 사용하는 시간은 7년 6개월이 걸렸습니다. 산책하러 가거나 운동하는데 쓰는 시간은 6년 3개월이 걸렸습니다. 옷을 입거나 신발을 신는 시간만도 2년 6개월을 사용했습니다.

사람의 일생에 관한 기록은 여러 연구자가 조사한 결과가 있습니다. 가령 영국 리버풀대학의 브롬리라는 심리학자는 평균 80살을 사는 경우, 일하는데 26년, 잠자는데 25년, TV 보는데 10년, 먹는 데 6년, 전화 받는 데 4년이란 기간을 사용한다고 주장했습니다.

요즘 60세 남성을 조사해도 아마 선조들의 삶과 비슷한 추이를 보일 것 같은데요. 여기에다 추가로 인터넷 검색과 TV 시청에도 많은 시간을 쓰지 않을까 싶습니다.

096

신체기능

● 스포츠 종목별 전성기 연령대

종목	전성기 연령대
골프	25~35세
야구	25~30세
테니스	22~26세
당구/사격/자동차 경주	25~29세
권투	24~27세
크리켓	30~34세

〈출처: 미국 오하이오대 하베이 레멘 교수 1938년 발표〉

이색적인 스포츠맨 전성기 측정, 예나 지금이나 '25세~30세'

　스포츠맨의 전성기는 시대에 따라 다릅니다. 일반적으로 신체기능은 10대 후반에서 20대 초반이 최고조에 달한다고 하지만, 의과학이 발달한 최근의 시스템에서는 30대가 훌쩍 넘어도 전성기를 구가하는 스포츠맨들이 많습니다.

　가령 마이클 조던은 서른이 넘은 나이에 NBA를 통일했으며, 메시나 호날두 선수도 서른이 훌쩍 넘어서도 최고의 전성기를 구가했습니다. 골프도 마찬가지고, 테니스 등 여러 종목에서 전성기는 신체적 특징만을 삼지는 않습니다.

　예전에도 이같은 스포츠맨의 전성기는 언제인가에 대한 연구가 진행된 바 있습니다.

　1938년 미국 오하이오대학 하베이 레멘 교수가 '연령대로 본 스포츠맨의 전성기'를 연구해서 그 결과를 발표해 주목을 끈 바 있습니다.

　하베이 교수에 따르면 골프의 경우 전성기는 신체적으로 무르익은 25세부터 어느 정도 구력이 갖추어진 35세까지였다고 합니다.

　야구선수인 경우 최전성기는 25세에서 30세인데, 28세가 가장 절정의 시기라고 분석했습니다. 테니스 선수는 보통 22세~26세까지가 전성기였습니다.

　이 밖에 당구, 사격, 자동차 경주 선수는 25세에서 29세까지가 최고의 전성기였습니다. 권투 선수의 황금시대는 24세부터 27세까지였습니다.

　가장 연로한 측에 속하는 크리켓 선수는 전성기가 30세에서 34세였다고 합니다.

097

아들

〈출처: 국가기록원〉

남아선호 사상이 낳은 웃픈 실험

남아 선호 사상의 뿌리는 깊습니다. 가문의 대를 이어야 한 다는 명분은 꽤 오랫동안 한국 사회의 부정적인 단편이었습니 다. 그러다 보니 아들 낳는 비법에 대한 다양한 민간요법이 예 로부터 회자되곤 했습니다.

웃지 못할 연구 결과물도 있습니다. 1965년에 어느 학교 생 물 선생이 아들 딸을 골라서 낳을 수 있다는 연구 결과를 발표 해 관심을 끌었습니다.

서울에 소재한 선린상고에 재직 중인 조모 선생이 연구를 했습니다. 조모 선생은 16년 동안 6,300명을 대상으로 어떤 여인은 어떻게 해서 아들을 낳았고, 어떤 여인은 왜 아들을 못 낳았는가를 통계학적으로 밝히는 실험을 진행했습니다. 그 결 과 통계학적 결론을 응용해 아들, 딸의 임신을 원하는 대로 조 절할 수 있고, 심지어 임신 중인 태아의 성별을 판별했다고 합 니다.

조 선생은 혈액형, 식성, 월경일, 임신날짜 등 17가지 항목 을 조사한 이후 데이터를 확보했고, 실제 100여 명을 대상으로 예언한 결과 모두 적중했다고 합니다.

하지만 조 선생은 실제 연구 결과는 발표하지 않았습니다. 의사들이 세부 연구 결과를 보면 단번에 응용해 노하우가 유출될 수 있기 때문이라는 우려때문이었다고 합니다.

남아 선호 사상이 낳은 웃지 못할 통계 자료입니다.

098

장수

● 전체 인구 대비 80세 이상 고령자 인구 비율

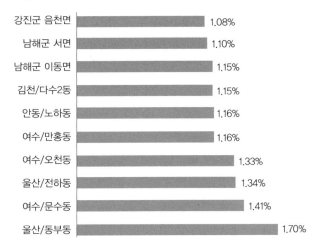

강진군 음천면	1.08%
남해군 서면	1.10%
남해군 이동면	1.15%
김천/다수2동	1.15%
안동/노하동	1.16%
여수/만흥동	1.16%
여수/오천동	1.33%
울산/전하동	1.34%
여수/문수동	1.41%
울산/동부동	1.70%

〈출처: 경제기획원, 1970년 인구센서스 조사 결과〉

짠물 때문에 해안지역 주민은 장수했다?

해안지역 주민이 장수한다는 이색적인 통계가 발표된 적이 있습니다. 1973년도에 경제기획원에서 인구센서스를 조사했는데, 장수 비율이 높은 지역을 살펴보니, 1위부터 20위까지가 모두 해안지역에 위치했다고 합니다. 더욱이 80세 이상 노령층도 10위 내에 안동, 김천을 빼고 모두 해안지역 마을이었습니다.

총인구 3,143만 명 중에 65세 이상 노인은 103만 명(3.3%)이었으며, 80세 이상은 11만 명(0.37%)이었습니다. 65세 이상 노인 비율이 가장 높은 마을은 제주도 애월(8.6%)이며, 80세 이상 최장수 지역은 울산시 방어진 출장소 동부동(현 남목동)이었습니다. 고령인구가 가장 적은 지역은 서울과 부산으로 조사됐습니다. 아무래도 젊은 층이 밀집되다 보니 고령 인구가 적은 것으로 해석됩니다.

해안지역과 장수와의 상관관계는 과학적으로 입증되지는 않았습니다. 다만, 전문가들은 공기가 맑고, 비타민D가 풍부한 자외선 때문이라는 해석도 내놓았습니다. 염분과의 잦은 접촉도 장수의 요인이라는 주장도 있었습니다.

099

왼손잡이

● 오른손잡이 대비 왼손잡이 사고 위험

구분	오른손잡이 대비 확률
교통사고 확률	85% 높아
도구를 사용하다 부상당할 확률	54% 높아
집에서 사고를 낼 확률	49% 높아
*운동중 부상당할 확률 *직장에서 일하다 부상당할 확률	20% 높아

〈출처: 캐나다 브리티시컬럼비아대학, 1896명 대상 조사〉

왼손잡이가 오른손잡이보다 사고위험 크다는 이색 실험

세상은 오른손잡이 위주로 설계돼 있다는 말이 있습니다. 동의하지 않더라도 왼손잡이는 예전부터 은근한 차별을 받아왔습니다. 왼손잡이가 많은 서양에서는 그래도 평등했지만 유독 한국에서는 예로부터 왼손잡이를 무시하는 성향이 있었습니다. 물론 지금은 그렇지 않습니다.

왼손잡이들이 들으면 별 유쾌하지 않은 연구 결과가 진행된 게 있습니다. 캐나다 브리티시컬럼비아대학 실험심리학자인 스탠리 코렌 교수가 이 학교 재학생 1,896명을 대상으로 4년간 교통사고 현황을 조사했습니다. 그 결과, 왼손잡이가 자동차 사고를 낼 확률이 오른손잡이보다 무려 85%나 높았습니다. 도구를 사용하다 다칠 확률은 54%, 집에서 사고를 낼 확률도 왼손잡이가 오른손잡이보다 49% 더 높게 나왔다고 주장합니다. 이뿐만이 아니라, 직장에서 작업을 하거나 운동 중에 부상당할 확률도 왼손잡이가 각각 20% 높았다고 보고했습니다. 하지만 실험은 실험일 뿐 다칠 확률은 왼손잡이나 오른손잡이나 똑같다는 게 진실이라 생각됩니다.

100

흡연

● 러시아 과학자 파블로프가 개를 이용해 조건 반사를 실험하는 모습

〈출처: StronFirst〉

지금으로선 상상할 수 없는
개 대상 흡연 폐해 실험

흡연이 건강에 치명적인 것은 예나 지금이나 변함없습니다. 하지만 여전히 흡연이 직접적인 요인인지는 제대로 입증되지는 않았습니다.

요즘에도 금연을 촉진하는 다양한 노력이 이루어지고 있지만, 이를 막기 위한 담배 제조사들의 로비 또한 치열하게 나타나고 있습니다.

1970년대에 흡연의 심각성을 알리는 중요한 연구 결과를 발표했는데 흡연이 인체에 치명적인 위협이 된다는 것을 입증하는 실험이었습니다.

1970년에 미국의 풍토병과 의학 통계전문가인 카일러 하먼드 박사는 개를 두그룹으로 나눠 2년 반 동안 매일 필터가 달린 담배 일곱 개비와 필터가 없는 담배 일곱 개비를 흡연시키는 실험을 진행했습니다.

그랬더니 2년 반(사람의 경우 18년)동안 필터 없는 담배를 피운 개들은 폐암을 일으켰다는 조사 결과를 발표했습니다. 흡연이 신체에 치명적이라는 실증적인 결과물을 내놓은 것입니다.

하지만 개를 대상으로 이런 끔찍한 실험을 했다는 것은 문제가 있습니다.

파블로프는 조건 반사 개념을 실험하기 위해 개를 대상으로 종을 치고 먹이를 주는 행위를 반복시켰습니다.

하지만, 지금 시점에서 보면 아무리 인간을 위한 실험이지만 동물을 대상으로 이같은 생체 실험을 했다는 것은 경악할 만한 뉴스입니다.

반려인구 1,500만 시대에 반려동물 복지증진을 위해 '동물보호법 시행규칙'이 개정된 오늘날, 흡연의 폐해보다는 동물학대에 초점이 맞춰진 연구가 아닐까 싶습니다.

101

미인

職業婦人解剖

美人은 成績不良

某會社女事務員調査

미인은 성적불량 〈출처: 동아일보 1925년 2월 6일자〉

미인은 성적불량(成績不良)이라는 편견의 시대

1920년대에도 남녀를 바라보는 차별이 심했던 시절입니다. 신문에 남녀 차별에 관한 재미있는 통계 기사가 게재돼 있는데 여성에 대한 편견이 만연했습니다.

1925년에 경성 시내 모 회사 회계업무를 보던 여사원 120명 중에 장기근속 여사원을 조사했더니, '나이는 20살 안쪽에 학교는 소학교 수준이고 얼굴은 평범한 여성이 일을 잘한다'라는 결론을 냈습니다.

그 사유로 내세운 게 '얼굴이 반반하면 주변에 유혹이 많고 자꾸 딴생각해서 업무에 집중하지 못했다'는 편견에 사로잡힌 지적입니다. 게다가 '공부를 많이 한 여자는 들떠있어 역시 업무에 신경을 제대로 쓰지 못한다'는 공통점이 있었다고 합니다.

외국에서도 이와 유사한 통계가 발표된 적이 있습니다. 영국 UCL대학에서 남자의 경우 잘생긴 지원자와 평범한 외모의 지원자 사이에 기업들은 주로 평범한 외모의 지원자를 채용하는 경향이 더 많았다고 합니다.

반면, 여성은 매력적인 외모일수록 고용에 좋은 점수를 받았다고 합니다.

물론 그 반대의 연구 결과도 발표된 바 있습니다. 과연 외모는 업무 능력에 비례할까요, 반비례할까요.

102 직업과 수명

● 직업과 장수의 상관관계

직업	평균치 대비 사망률
과학자	20% 낮음
대학교수, 행정관리직, 목회자	10% 낮음
언론인	2배 이상 높음
문필업	30% 높음
정부 공무원	20% 높음
의사	10% 높음
법률가	전체 평균과 유사

〈출처: 미국 '대도시생활통계특보', 1973년 발간〉

스트레스 많은 언론인은
단명한다는 속설, 사실일까?

직업과 장수는 상관관계가 있을까. 이 질문에 많은 연구가 진행됐습니다.

예전에도 직업군을 대상으로 장수와의 관계를 연구한 논문이 많이 발표됐습니다.

1973년 미국에서 발표한 보고서에 따르면 여러 직업 가운데, 가장 오래 사는 직업군으로 과학자가 꼽혔습니다.

과학자의 사망률은 전체 조사 대상 6,400명 평균치보다 20%가량 낮은 것으로 보고됐습니다. 과학자 다음이 대학교수이며, 행정관리직 인사, 목회자 등의 순으로 나타났습니다. 이들의 사망률은 전체 평균치보다 10% 낮았습니다.

하지만 장수에 가장 불리한 직업군으로는 언론인이 첫손에 꼽혔습니다. 언론인의 사망률은 전체 평균치의 2배에 달했다고 합니다. 글을 쓰는 직업을 가진 사람도 사망률이 평균치보다 30% 높게 나왔습니다.

이 밖에 정부 공무원들의 사망률은 평균치보다 20% 높으며, 의사의 사망률도 평균치의 10%를 웃돌았습니다. 다만, 법

률가의 사망률은 전체 평균치와 비슷한 것으로 조사됐다고 합
니다.

  당시에 해석하기로는 언론인이나 정부 관료, 의사들의 스
트레스 지수가 타 직업군에 비해 높은 게 주 원인이라고 했습
니다.

103

쌍둥이

● 연도별 다태아 출생비율

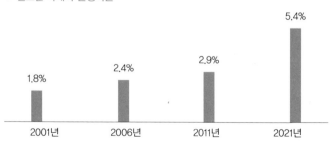

〈출처: 통계청〉

쌍둥이는 추운 지역에 많다는 이색 통계

요즘 주변에 보면 쌍둥이 자녀를 낳은 부모들을 자주 봅니다. 실제 통계에서도 드러나 있습니다. 2001년 쌍둥이를 포함해 다태아를 낳은 비율은 1.8%였는데, 2021년에는 5.4%로 크게 늘었습니다.

과거 유네스코에서 쌍둥이에 관한 재미있는 통계를 발표한 게 있습니다. 유네스코에서 1958년에 3,000건의 쌍둥이 케이스와 과거 1년간에 걸친 출생 통계를 분석했습니다. 결과 8명의 아이를 가진 35세~39세까지의 기혼부인이 쌍둥이를 출산할 경향이 가장 많다는 것입니다.

특히 더운 지역보다 추운 지역에서 쌍둥이 수가 많았습니다. 에스키모족들의 쌍둥이 출산 비율은 평균을 크게 웃돌았다고 합니다.

당시 조사에 따르면 이탈리아 시실리아섬에 있는 기혼여성은 11년 동안 11쌍의 쌍둥이를 출산했다고 합니다. 당시 쌍둥이에 관해 연구한 결과, 생후 이후의 환경적인 조건보다는 유전과 출생에 따른 선천적인 조건이 더 중요했다고 합니다.

재미있는 사례 중 하나는 미국에서 쌍둥이를 낳았는데 갓난아기 때 두 가정에 각각 양자를 보냈다고 합니다.

자라면서 1,000마일 떨어진 곳에서 각각 지냈기 때문에 그들은 성인이 될 때까지 만나지 못했습니다. 하지만 후의 삶을 비교했더니 아주 유사했다고 합니다. 비슷한 타입의 여성과 결혼했으며, 전기기술자라는 동일한 직업을 갖고 같은 회사에 근무했으며, 동일한 종의 개를 기르고 있었다고 합니다.

또 한 가지 재미있는 통계는 쌍둥이들은 생애에 큰 업적을 이룬 경우가 드물었다고 합니다. 대체로 쌍둥이끼리는 지나치게 서로 의존했기 때문에 독립성이 부족했을 것이라 해석했습니다.

104

노령 인구

● 1928년 vs. 202년 80세 이상 노령층 인구   〈단위: 명〉

구분	1928년	2020년
80~90세	48,054	2,479,068
90~100세	2,873	233,548
100세 이상	108	5,581
80세 이상 소계	51,035	2,718,198
전체 인구	19,600,000	51,000,000
전체 인구대비 80세 이상 비율	0.3%	5%

〈출처: 2020년 인구는 통계청, 1928년 인구는 조선총독부〉

80살 이상 초고령층 비중 0.5%에서 100년만에 5%로

평균 수명이 80세가 넘는 요즘, 여든 살은 그리 많은 나이가 아닙니다. 하지만 1920년대 우리나라의 평균 수명은 33살 안팎에 불과했으니, 지금 시대에 비추어 보면 일생을 두 번 이상 산 셈이라고 할 수 있습니다.

1928년 일본 총독부에서 전국에 걸쳐 80세 이상 고령자를 조사했더니 총 5만1,035명이었다고 합니다. 이 중에서 80세 이상 90세 이하가 4만8,054명이며, 90세 이상 100세 미만은 2,873명, 100세 이상의 최장수 어르신도 108명이 있었다고 합니다. 인구 대비로 보면 대략 80세 이상 초고령층은 0.3% 수준입니다. 기록에 따르면 최고령자는 황해도에 거주하는 127살의 농부였습니다. 하지만 기네스북에서 2023년 기준으로 세계에서 가장 오래 산 사람 나이가 122살이었다는 점에서 신빙성이 없어 보입니다. 지역별로 살펴보면 전라남도에 6,420명이 살고 있어 가장 많은 80세 이상 고령층이 살고 있었습니다.

참고로 현재 우리나라 국민 가운데, 고령층은 총 271만 8,200명으로 전체 인구의 5%를 차지하고 있습니다.

105

전쟁

● 베트남전쟁을 다룬 올리버 스톤 감독의 1986년작 플래툰(Platoon)

1명 살상에 총탄 10만 발을 난사했던
전쟁의 어두운 이면

전쟁은 많은 희생자를 낳지만, 때로 군산 복합 기업들에게는 사업을 확장하는 절호의 기회가 되기도 합니다. 전쟁 발발원인 가운데 하나로 군산복합체가 작용했다는 음모론이 광범위하게 퍼지곤 했습니다.

베트남전쟁도 당시 이러한 군산복합체 음모론이 광범위하게 퍼진 전쟁 중 하나였습니다.

베트남전쟁은 1955년부터 20여 년간 벌어진 베트남 민주공화국과 베트남 공화국 간에 벌어진 전쟁입니다. 당시 미국의 군대가 베트남에 파견돼 북베트남을 상대로 싸웠지만 결국 1973년 미국은 철수하게 됩니다. 이 여파로 미국의 군사적 지위가 크게 약화돼 초강대국의 위상에 금이 가기도 했습니다.

베트남전쟁에 관한 이색적인 기록이 있습니다. 미 국방성에 따르면 미국이 베트남에서 1년간 쏘아댄 소총 탄알이 25억 발이었습니다. 하지만 베트남 공화국(일명 베트콩)의 사상자 수와 비교했더니 베트콩 1명을 죽이거나 부상을 입히는 데 보통 10

만 발의 탄알이 필요했다는 통계입니다. 이것을 금액으로 환산하면 5,000달러 내지 1만 달러에 해당합니다.

2차세계대전 당시 적 1명 살상에는 2만 발의 탄알이 소요됐다고 합니다.

106 우리말

● 1971년 명동거리

〈출처: 한국저작권위원회〉

'킹스톤' '프랑소와'
외래어 간판이 명동을 덮다

사람의 이목을 끌기 위해 가게마다 간판을 이색적으로 표기
하는 경우가 많습니다.

지금은 외래어 간판이 일상적이지만 예전에는 외래어로 표
기된 간판은 비판의 대상이 되었던 적이 있습니다. 순수 우리
말에 대한 선호도가 높던 시기라 당시 외래어로 된 간판을 내
걸면 무조건적인 비난의 대상이 됐습니다.

1960년대 후반에 명동 거리에 걸려있는 간판을 보고 얼마나
외래어로 표기됐는지를 통계를 낸 기사가 있습니다.

경향신문에 따르면 1969년 서울의 대표적인 유흥지역인 명
동 유네스코 회관에서 사보이호텔까지 100미터 거리에 있는
간판을 조사했습니다.

외부에 걸려있는 60개의 간판 중 순 우리말로 돼 있는 간판
은 옛집, 나그네집, 조타 등 10여 군데에 불과했습니다. 40개
의 간판은 외래어로 표기된 간판이고, 열 군데는 '뉴서울' 같
은 혼용 간판이었습니다. 외래어 간판 중에는 '킹스톤' '브론디'
'케빈' 등 영어식 간판이 대세를 이루고 있었습니다. '가스맬로'

'프랑소와' '암스텔당' '소비아' 등 유럽계 외래어도 많았습니다.

    지금은 서울 시내 대표적인 유흥가인 홍대나 압구정, 강남 등지를 돌아다보면, 순수 우리말 간판은 찾아보기 힘든 실정입니다. 격세지감을 느끼게 됩니다.

107

주부

● 가정주부의 행복

질문	내용
지금 행복한가	행복하다(84%), 불행하다(9%)
다시 태어난다면	남자로 태어났으면(53%), 그냥 여성의 삶을 원해(45%)
남편과 나이차에 따른 행복도	1~3살 차이가 가장 행복
결혼전 교제기간	1~2년인 경우가 가장 행복

〈출처: 고려대, 가정주부 916명 대상 조사, 1965년〉

60년 전이나 지금이나 가정주부 10명 중 8명은 '행복합니다'

가부장적 문화를 오래 유지하고 있는 우리나라는 예로부터 여성들이 받는 차별이 많았습니다. 지금은 많이 바뀌고 있지만, 60년 전만 해도 남성 중심의 지배적인 사회였습니다.

1965년 고려대학교에서 '기혼녀의 행복'에 대한 조사 결과를 발표했습니다. 당시 우리나라는 '레이디 퍼스트' 개념이 희박한데다 가정형편도 넉넉지 않았습니다. 고려대 연구팀이 서울 시내 가정주부 916명을 대상으로 행복도를 측정했습니다.

기혼녀 중 '보통 정도의 행복감'을 느끼는 사람의 비중은 54%로 가장 많았으며, '행복하다'라는 사람의 응답률도 30%에 달해 전체 84%의 응답자들이 '비교적 행복하다'고 응답했습니다. 불행하다'는 응답은 9%에 불과해 당시 가정주부들은 일반적으로 행복했다는 결론을 도출했습니다.

또한 여성 중 '남성이 되고 싶다'라는 비율은 53%였으며, '남자 되기를 원하지 않는다'라는 비율도 45%였습니다. 재미있는 것은 당시 미국의 여성은 25%만이 남성이 되기를 원했으며, 66%는 원하지 않았다고 합니다. 미국 여성이 여성으로서의 만족감이 더 컸다는 것이죠.

'남편과의 나이 차가 어느 정도일 때 행복할까' 라는 재미있는 질문도 있었는데, 1살에서 3살 차이가 가장 행복감을 크게 느낀다고 했습니다. 또한 결혼 전 교제 기간도 1~2년인 경우가 가장 행복했다고 합니다.

최근 조사에서도 가정주부 10명 중에서 8명은 행복하다고 응답했답니다. 여론조사기관 엠브레인에서 기혼여성 1,026명을 대상으로 '지금 행복한가'라고 질문했더니 82%가 그렇다고 응답했습니다. 가정이 행복하면 나라도 행복합니다.

108

남과 여

● 한국인의 가치관 변화

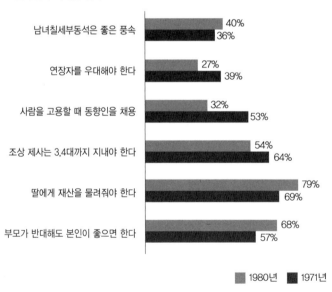

남녀칠세부동석은 좋은 풍속	40%	36%
연장자를 우대해야 한다	27%	39%
사람을 고용할 때 동향인을 채용	32%	53%
조상 제사는 3,4대까지 지내야 한다	54%	64%
딸에게 재산을 물려줘야 한다	79%	69%
부모가 반대해도 본인이 좋으면 한다	68%	57%

■ 1980년 ■ 1971년

〈출처: 한국행동과학연구소〉

10명 중 4명 남녀칠세부동석(男女七歲不同席)은
좋은 사회풍속

MZ^(밀레니엄) 세대들의 행동 양식이나 가치관에 기성세대들이 깜짝깜짝 놀랄 때가 많습니다. 하지만 예전에도 기성세대들은 젊은 세대의 달라진 가치관에 혼란스러운 경우가 많았습니다.

한국행동과학연구소에서 10여 년 차이를 두고 '한국인 가치관의 변화'를 조사했습니다. 조사는 1971년과 10여 년이 지난 1980년 조사 결과를 비교했습니다. 조사 대상자는 가정주부에 한정했다고 합니다. 전체 한국인의 의식을 반영하지는 않았습니다.

조사 결과를 보면, '가정' 항목에서 가장 심한 변화를 보였습니다. 가령 결혼에 대해 '부모가 반대해도 본인이 좋으면 해야한다'는 질문에 1971년에는 57%만이 '그렇다'고 응답했는데, 1980년에는 68%로 크게 높아졌습니다. 재미있는 것은 농촌지역 응답자들은 '그렇다'라는 응답이 73%에 달해 도시 주부들보다 더 적극적인 결혼관을 가졌다고 합니다. 재산 문제에 대해서도 '딸에게도 재산을 물려줘야 한다'라는 응답이 1971년에는 69%였는데, 1980년에는 79%가 찬성이라고 답해 진보적인 견해가 높아졌습니다. 재미있는 조사로는 '조상의 제사는 3, 4대까지 지내야 한다'라는 주장이 1971년에는 64%였는데 1981년에는 54%로 크게 낮아졌다는 사실입니다.

사회적인 가치관 항목에도 재미있는 질문이 있습니다. 가령 '사람을 고용할 때 동향 사람을 쓰는 게 좋다'는 응답이 1971년에는 53%였는데, 1980년에는 32%만 찬성했다고 합니다. '연장자를 우대해야 한다'라는 응답도 1971년에는 39%였는데, 1980년에는 27%만이 '그렇다'고 답변했습니다. '남녀칠세부동석'에 대해서는 1971년 조사에서는 36%가 '우리의 좋은 풍속이다'라고 답했지만, 1980년 조사에서는 40%가 '그렇다'고 답했습니다. 오히려 보수적인 견해가 더 커졌습니다.

세상 모든 지식과 경험은 책이 될 수 있습니다.
책은 가장 좋은 기록 매체이자 정보의 가치를 높이는 효과적인 도구입니다.

갈라북스는 다양한 생각과 정보가 담긴 여러분의 소중한 원고와 아이디어를 기다립니다.

– 출간 분야: 경제 · 경영/ 인문 · 사회 / 자기계발
– 원고 접수: galabooks@naver.com